张远惠 著

解码教师培训全过程

基于系统思维的训后跟踪指导策略与实践

中山大学出版社
SUN YAT-SEN UNIVERSITY PRESS

·广州·

版权所有　翻印必究

图书在版编目（CIP）数据

解码教师培训全过程：基于系统思维的训后跟踪指导策略与实践 / 张远惠著. -- 广州：中山大学出版社，2024.12. -- ISBN 978-7-306-08233-6

Ⅰ. G451.2

中国国家版本馆 CIP 数据核字第 2024JT0722 号

JIEMA JIAOSHI PEIXUN QUANGUOCHENG

出 版 人：王天琪

策划编辑：赵　冉
责任编辑：赵琳倩
封面设计：曾　婷
责任校对：王贝佳
责任技编：靳晓虹
出版发行：中山大学出版社
电　　话：编辑部　020-84110283，84111996，84111997，84113349
　　　　　发行部　020-84111998，84111981，84111160
地　　址：广州市新港西路 135 号
邮　　编：510275　　　　　　传　真：020-84036565
网　　址：http://www.zsup.com.cn　E-mail：zdcbs@mail.sysu.edu.cn
印 刷 者：广州一龙印刷有限公司
规　　格：787mm×1092mm　1/16　11.75 印张　244 千字
版次印次：2024 年 12 月第 1 版　2024 年 12 月第 1 次印刷
定　　价：38.00 元

如发现本书因印装质量影响阅读，请与出版社发行部联系调换

前　言
preface

  教育，是传递智慧、塑造未来的伟大事业。在这个信息时代的洪流下，教育的形态和面临的挑战正在不断发生变化，教师的角色也愈发复杂和关键。教师培训，作为提升教师政治素质和专业素养的重要手段，是促进教师从具备资格走向教学合格，最后走向卓越的有效途径，越发凸显出其在教育体系中的关键地位。在业界看来，教师培训被认为是教师提升素质能力的重要环节和不断实现专业成长的根本需要。然而，如何让教师培训的全过程更加科学和系统，如何确保教师的培训成果能够真正转化为课堂上的实际改进，是当前教师培训领域亟待解决的难题。

  从供给侧结构性改革视角看，我国教师培训经历了"补数量""补短板""促发展""促均衡"五个发展阶段，目前进入"促创新"的变革期。深化精准培训改革面临的关键问题是：教师培训要如何突破，如何创新？在认识论上，复杂系统理论以"系统"为研究对象，强调系统各要素间的相互作用，从而揭示事物性态的复杂性以及事物发展的偶然性和非线性，为研究教师的专业发展提供了可借鉴的理论基础。有必要用"复杂适应系统"的思维去观察教师培训过程，并由此进一步讨论当前中国教师培训面临的系统性、精准性以及科学性问题。如果忽视教师培训系统本身的复杂性、目标多重性、主体关系非线性、网络形态多层次性，就必然无法与快速变化的复杂环境相匹配，也会招致教师培训系统失灵的恶果。

  著名系统思考专家、美国麻省理工学院教授约翰·斯特曼（John Sterman）的研究表明，人们用来指导自己决策的心智模式，在应对系统的动态行为方面具有天生的缺陷。由此产生"头痛医头，脚痛医脚；只见树木，不见森林"等缺乏系统思考的症状。要想避免这些问题，应对复杂性挑战，正确地分析和解决问题，做出正确的决策，就需要学习和提升系统思考能力，运用系统思维方式指导实践。这也是本书将教师培训上升到系统哲学的维度来进行研究的原由。本书运用系统思维解码教师培训全过程，关注教师群体的发展和培养所具有的复杂系统特征，关注教师个体发展需求和个体成长规律，探索教师培训项目整体的支持服务，提出教师培训系统是教师个体、学习活动和组织团队等不同子系统连续、渗透、协同的过程的观点。从系统思维的角度，我们将揭示教师培训不再是孤立的、零散的知识传递，而是一个连续、渗透、协同的过程。通过系统思维，我们能够更好地理解教师培训的全局，捕捉其中的关键环节，促使教师培训从片面的知识传递转向全面的素养提升。

自20世纪60年代以来，系统思维作为与还原论相对立的思维模式，采用了整体论的哲学思想和辩证唯物主义的分析方法，它是一种整体的、动态的、连续的思考问题和分析考量问题的思维模式。系统方法是这样一种处理问题的方法——它采取更广阔的视野，努力把各种因素考虑进去，其关注点在于问题当中不同部分的相互作用关系上。本书将系统思维引入教师培训全过程的设计，运用系统方法从需求分析、课程设置、教学设计、培训开展以及训后跟踪等环节，构建一个有机衔接的培训体系。在教师培训中，系统思维有助于我们发现培训问题产生的根本原因，了解培训环节之间的相互关系，看到多种可能性，从而优化培训设计、执行和评估，更好地管理、适应复杂性挑战，把握新的机会。同时，本书还强调了培训后的跟踪指导是保障培训效果的关键一环，要应对教师培训的复杂性，做出明智的决策，这一环节必不可少。书中所提出的教师整体培训观，不仅有助于消解传统教师培训过程中所面临的碎片化语言知识和技能教学问题，更有助于教师培训项目设计与实施层面的系统化，也有助于进一步完善教师培训政策制度、组织机制、队伍建设、管理服务，确保教师培训目标的实现。

张远惠
2024年2月28日于广州

目 录

第 1 章 绪论 ... 1

一、研究背景 ... 1
（一）教师培训的重要性 ... 1
（二）系统思维的指导性 ... 2

二、研究的必要性和意义 ... 3
（一）研究的必要性 ... 3
（二）研究的意义 ... 4

三、研究方法和研究内容 ... 5
（一）研究方法 ... 5
（二）研究内容 ... 6

四、研究思路及技术路线 ... 7
（一）研究思路 ... 7
（二）技术路线 ... 8

五、研究的创新之处 ... 9
（一）整体性视角 ... 9
（二）系统思维的应用 ... 9
（三）实证研究与案例验证 ... 9
（四）指导策略的提出 ... 9
（五）实践推广价值 ... 9

第 2 章 教师培训的发展及全过程解析 ... 10

一、教师培训大观园 ... 10
（一）教师培训的起源和发展 ... 10

  （二）教师培训的关键阶段 ·· 13
  （三）国内外教师培训的发展 ···································· 20
  （四）国内教师培训政策解读 ···································· 35
二、教师培训全过程 ·· 38
  （一）教师培训的训前准备 ······································· 38
  （二）教师培训的训中开展 ······································· 46
  （三）教师培训的训后跟踪 ······································· 53
三、训后跟踪是教师培训可持续发展的关键 ···················· 56
  （一）训后跟踪的意义 ··· 56
  （二）训后跟踪的方法 ··· 57
  （三）训后跟踪的策略 ··· 57
  （四）训后跟踪的效果 ··· 58
  （五）训后跟踪的激发 ··· 58
  （六）训后跟踪的机制 ··· 59
四、传统教师培训的不足和创新 ····································· 60
  （一）教师培训的传统模式 ······································· 60
  （二）传统教师培训存在的问题及原因 ······················· 67
  （三）教师培训的创新模式 ······································· 73

第 3 章 跟上系统思维的节奏 ···································· 80

一、系统思维大观园 ··· 80
  （一）系统概念 ··· 80
  （二）系统思维 ··· 81
  （三）系统方法 ··· 85
二、超越培训范式之变革 ·· 91
  （一）传统教师培训范式的特点 ································ 91
  （二）建构系统模式颠覆传统范式 ····························· 92
  （三）建构系统模式在教师培训中的应用 ··················· 97
  （四）建构系统模型的步骤 ······································ 101
  （五）建构系统模型的工具 ······································ 102
  （六）以教师培训为例建构系统模型步骤 ················· 103

三、运用系统思维掌握培训全过程 ······ 104
 （一）教师培训的系统模型构建 ······ 104
 （二）正确运用系统思维指导教师培训 ······ 105
 （三）案例分析——系统思维在教师培训中的应用 ······ 107

第 4 章 培训之系统生存法则 ······ 109

一、系统思维与教师培训 ······ 109
 （一）系统思维和跨学科合作 ······ 109
 （二）系统生存法则原则 ······ 110
二、系统思维与教师培训全过程 ······ 112
 （一）系统思维在教师培训方案研制中的应用 ······ 112
 （二）系统思维在教师培训实施过程中的应用 ······ 113
 （三）系统思维在教师培训训后跟踪中的应用 ······ 114
 （四）训后跟踪与评估体系构建 ······ 116
 （五）训后跟踪策略设计 ······ 117
 （六）训后跟踪实践案例 ······ 118
三、系统思维对教师培训全过程的指导 ······ 120
 （一）系统思维的指导策略设计与应用 ······ 120
 （二）跨界合作模式与实践案例 ······ 121
四、系统思维在教师培训研究中的应用 ······ 122
 （一）系统动力建模 ······ 123
 （二）系统分析 ······ 123
 （三）制定相关政策和实践建议 ······ 124
五、学前教师培训案例分析 ······ 125
 （一）培训规划阶段 ······ 125
 （二）培训实施阶段 ······ 126
 （三）培训评估阶段 ······ 126

第 5 章 系统思维是管理的智慧 ······ 127

一、教师培训中系统思维的智慧 ······ 127
 （一）全面规划培训内容 ······ 127

（二）构建多元化培训模式 …………………………… 128
　　（三）强化教师间的交流与合作 …………………………… 129
　　（四）注重实践性培训 …………………………… 130
　　（五）引导教师进行反思性教学 …………………………… 130
　　（六）提供持续性支持 …………………………… 131
　　（七）建立评价与反馈机制 …………………………… 132
二、发展系统思维的能力 …………………………… 132
　　（一）学习系统思维的基本概念和原理 …………………………… 132
　　（二）练习绘制系统图和因果图 …………………………… 132
　　（三）分析复杂问题 …………………………… 133
　　（四）跨学科思考 …………………………… 134
　　（五）关注动态变化 …………………………… 134
　　（六）运用故事模型 …………………………… 134
　　（七）练习系统模拟 …………………………… 135
　　（八）多角度思考 …………………………… 135
　　（九）学习案例分析 …………………………… 136
　　（十）交流与合作 …………………………… 136
　　（十一）持续反思和改进 …………………………… 137
　　（十二）实践和耐心 …………………………… 137

第6章　案例研究 …………………………… 139

一、使用案例研究的理由 …………………………… 139
二、案例分享 …………………………… 140

第7章　教师培训未来发展展望 …………………………… 152

一、教育领域的数字化变革 …………………………… 152
　　（一）教师培训未来发展新路径 …………………………… 152
　　（二）教师培训未来融入新模式 …………………………… 157
　　（三）教师培训未来管理新方法 …………………………… 162
二、系统思维指导下的教师培训管理新模式 …………………………… 163
　　（一）综合性的发展计划 …………………………… 163

（二）跨学科协同培训 …………………………………… 165
（三）教师专业共同体的构建 …………………………… 166
（四）数据驱动的持续改进 ……………………………… 167
（五）虚拟实践环境的模拟 ……………………………… 168
（六）学科知识与教学策略的整合 ……………………… 169
（七）终身学习和可持续发展 …………………………… 170

参考文献 …………………………………………………… 172
后　记 ……………………………………………………… 176

第 1 章　绪论

教师培训是完善教育改革和提高教学质量的重要手段。系统思维作为一种跨学科的思考方式和解决问题的方法，逐渐被教育界所认可和应用。本书将深入探讨系统思维在教师培训中的应用价值。首先，介绍系统思维的概念和特点，然后探讨其在教师培训中的重要作用，包括促进全面认知教师培训全过程、解决复杂问题的有效方法以及培养教师跨学科的思维能力。其次，分析系统思维在教师培训课程设计、教师培训全过程指导以及教师专业发展中的具体应用案例，并总结教师培训实施全过程中所面临的挑战与对策。最后，结合现实情况，展望系统思维在未来教师培训中的发展前景。

一、研究背景

（一）教师培训的重要性

教师培训是教育领域中至关重要的一环，对提高教师的专业水平、促进教育教学质量的提升以及培养学生全面发展具有重要意义。随着社会的不断变化和教育的不断发展，教师所面临的教育任务也日益复杂和繁重。因此，教师培训作为提升教师专业水平和教学质量的重要手段，其重要性不可忽视。教师培训的重要性主要体现在以下三个方面：

1. 提高教师专业素养

首先，教师培训可以强化学科知识与教学技能。教师培训可以帮助教师不断深化学科知识，提高教学技能，从而能够更好地传授知识，激发学生的学习兴趣和学习动力。其次，教师培训可以更新教育理念和教育方法。教师培训能够引入新的教育理念和教学方法，帮助教师不断适应教育改革的需求，提高教学效果和教育质量。

2. 推动教育改革

首先，教师培训是为适应新课程改革和教育发展而产生的。教师培训能够帮助教师及时了解新课程改革和教育发展的要求，提高教师对新教育理念和政策的认识，从而更好地加快教育改革进程。其次，教师培训可以推广优秀教育经验和教学模式。通过教师培训，可以推广优秀的教育经验和教学模式，帮助更多教师受益，提高整体教育水平。

3. 促进学生全面发展

首先，有助于培养学生的创新能力和实践能力。教师培训能够帮助教师掌握更多培养学生创新能力和实践能力的方法，从而培养出更具有创造力和实践能力的学生。其次，有助于关注学生的情感发展和心理健康。教师培训可以引导教师关注学生的情感发展和心理健康，帮助教师更好了解学生，提供更好的心理辅导和帮助。

（二）系统思维的指导性

系统思维是一种跨学科的思考方式，强调从整体的角度来看待问题，关注事物之间的相互联系和相互影响。它强调思考的整体性、协同性、动态性和层次性，并旨在找到事物发展和变化的一般规律。在教师培训全过程中，应用系统思维可以提供更深入、更全面的指导，帮助培训者及培训机构更好地理解教师培训的复杂性，从而更有效地规划、实施和评估培训全过程。由此，系统思维的指导性主要体现在以下五个方面：

1. 复杂性的教育挑战

教育领域充满了多样性和复杂性。教师培训不仅要关注教育知识，还要关注教学方法、教育政策、学生需求等众多因素。这种复杂性使得培训难以简单地应对，需要一种能够综合考虑各种关联因素的非线性思维方式，即系统思维。

2. 培训效果的提升需求

教师培训旨在提高教育质量和课堂上学生的学习成果。然而，过去的一些培训可能未能达到预期效果，部分原因是忽视了系统整体性的因素。因此，研究如何利用系统思维指导培训全过程，有助于提高培训效果，实现更好的教育成果。

3. 综合性目标的考量

教师培训的目标通常不仅限于提升教学技能，还包括培养创新性思维、适应教育变革、提高课堂参与度等。这些目标相互关联，需要在培训全过程中综合考虑。系统思维可以帮助厘清这些目标的关系，确保培训全面发展。

4. 评估和持续改进的需要

教师培训的效果评估需要综合考虑多个因素。系统思维可以帮助设计更全面、更准确的评估指标，从而更好地了解培训效果，为持续改进提供依据。

5. 资源优化的挑战

教师培训需要投入人力、物力和时间等资源。如何在有限资源下实现最佳效果是一个挑战。系统思维可以帮助培训者更好地优化资源配置，确保培训的高效运行。

综合以上因素，研究系统思维如何在教师培训全过程中发挥指导作用，旨在探索一种更全面、更系统的培训方法，以适应教育领域的复杂性和多样性。这种研究有助于提高培训质量，促进教师的专业发展，从而对整个教育体系的进步产生积极影响。

二、研究的必要性和意义

（一）研究的必要性

系统思维在教师培训研究中的应用具有必要性，它能够帮助教育工作者、研究人员和政策制定者全面、综合地理解教师培训的各个方面，并制订更加有效的培训计划。以下是系统思维对教师培训全过程研究的必要性解析：

1. 全面理解复杂性

识别多重因素：系统思维帮助我们识别教师培训中涉及的多种因素，包括个人、制度、资源、社会文化等。它强调这些因素之间的相互依赖性，而不仅仅是孤立地分析某一个方面。

综合视角：系统思维促使研究者从整体角度出发，考虑教师培训的各种相互作用，确保培训计划能够涵盖实际需求，并有效解决复杂问题。

2. 预测与应对动态变化

把握动态变化：教育环境和教师需求是动态变化的。系统思维能够帮助研究者预测这些变化，并及时调整培训计划，以应对新出现的挑战。

长期效应评估：系统思维强调从长远的视角来评估教师培训的效果，关注培训对教师和学生的长期影响，而不仅仅是短期结果。

3. 促进协作与整合

跨部门协作：系统思维鼓励跨部门、跨学科的协作，使得教育政策、学校管理、教师培训、技术支持等不同领域能够共同努力，形成合力，提高培训效果。

资源优化配置：通过系统思维，可以更好地整合和优化各类资源（如资金、技术、时间等），确保资源的高效使用，从而支持培训计划的可持续发展。

4. 提升问题解决能力

问题识别与解决：系统思维有助于识别教师培训中的核心问题，并通过考虑各种相关因素提出综合性的解决方案。它帮助研究者避免单一视角带来的片面性，使问题解决更具实效性。

反馈与调整：系统思维强调反馈机制的建立，通过不断收集和分析培训过程中的反馈信息,及时调整策略和方法,提高培训的灵活性和适应性。

5. 促进持续改进

建立学习循环:系统思维倡导建立"计划—执行—检查—行动"循环,通过反复的反馈和调整,使教师培训计划得以持续优化和改进。

激发创新思维:系统思维鼓励在教师培训中引入创新元素,通过对整个系统的观察和分析,识别潜在的创新机会,推动培训方法和内容的不断更新。

6. 支持政策制定

政策制定的依据:系统思维为教师培训政策的制定提供了科学依据,帮助决策者全面理解教师培训的复杂性和相互关联性,从而制定更加科学合理的政策。

评估政策的影响:系统思维也有助于评估教师培训政策的实际影响,识别政策实施过程中的挑战,并进行必要的调整和优化。

通过应用系统思维,教师培训研究可以更加全面、深刻地理解教师培训的各个方面,从而设计出更具针对性和实效性的培训计划,最终提升教师的专业水平和学生的学习效果。

(二)研究的意义

研究系统思维在教师培训全过程中的作用具有重要的理论和实践意义,它可以深化培训者对教育培训的认识,提高培训质量,促进教育体系的创新和进步。

1. 理论意义

(1)拓展教育理论。系统思维能够帮助培训者更全面地理解教育培训的复杂性和多样性。系统思维使培训者不再局限于看待教育问题的单一角度,而是将教育看作一个相互关联的复杂适应系统。这有助于拓展教育理论,从而提供更多的视角来解决教育问题。

(2)建立综合性培训模型。系统思维的应用有助于建立综合性的教师培训模型。这个模型能够考虑教师培训全过程中的多种因素,包括培训目标、教学方法、评估指标、资源配置等,从而实现教师培训的全面优化。

(3)促进教育创新。通过系统思维,培训者可以更好地捕捉到教育领域的变革和机遇。它能够帮助培训者预测教育发展的趋势,引入新的教育方法、技术和理念,推动教育的持续创新。

2. 实践意义

(1)提高培训效果。系统思维可以帮助培训者更好地理解培训的复杂性和多样性等特点,从而制订更科学、更具针对性的培训计划。这有助于提高培训的效果,确保培训能够更好地满足教师的需求,从而提升教育质量。

(2)优化资源配置。教师培训需要投入人力、物力和时间等资源。系统思维可以帮助培训者更好地优化资源配置，避免资源浪费，提高培训的经济性和高效性。

（3）持续改进和适应变化。通过系统思维，培训者可以更好地了解培训的效果，发现潜在的改进空间，并随时改进。这有助于培训计划适应教育领域的变化，使其始终保持在教育发展的前沿。

（4）促进教师专业发展。系统思维能够帮助参训教师在培训过程中更好地理解教育背后的多层次关系，提高其教育素养，培养创新和适应能力，从而促进教师的专业发展。

综上所述，研究系统思维在教师培训中的作用既有理论意义，如能够拓展教育理论；又有实践意义，如可以提高培训效果，推动教育的创新和进步。

三、研究方法和研究内容

（一）研究方法

研究系统思维在教师培训全过程中的作用可以采用多种研究方法，以全面深入地了解其影响和效果。以下是一些可采用的研究方法：

1. 文献综述

综合已有的文献，分析系统思维在教师培训中的作用。这可以帮助培训者概括出一些常见的应用模式、影响因素和效果，为研究提供理论支持。

2. 问卷调查

设计问卷调查，收集教师和培训者的意见和看法，了解他们对于系统思维在教师培训中的应用以及培训效果的认知。这可以帮助量化系统思维对培训的影响程度和意义。

3. 访谈和焦点小组讨论

进行深度访谈或焦点小组讨论，与教师、培训者和培训设计者交流，探讨他们如何理解和应用系统思维，以及这种思维方式如何影响他们在培训中的决策和实践。

4. 实地观察

实地观察教师培训活动，记录培训过程中系统思维的应用情况。观察培训者和教师如何运用系统思维来解决问题、优化培训策略等，从而深入了解系统思维的实际运用情况。

5. 案例研究

选择一些具有代表性的教师培训项目或实际案例，深入分析这些案例中系统思维的应用和影响。通过对培训者和教师进行深度访谈，了解系统思维如何在培训过程中指导教学设计、资源配置、评估等环节，以及这些指导对培训效果的影响。

6. 跨案例比较

选择不同类型的教师培训项目，进行跨案例比较。研究系统思维在不同背景、不同类型培训中的应用效果，以及产生这些差异的原因。

7. 模拟实验

设计教师培训模拟实验，将系统思维应用于培训设计和决策。通过比较实验组和对照组的培训效果，分析系统思维对培训的影响。

8. 定性分析

使用定性数据分析方法，如内容分析、主题分析等，对收集到的访谈、观察和问卷数据进行深入分析，挖掘出系统思维在教师培训中的具体作用和影响机制。

综合运用以上研究方法，可以从不同维度、不同层次全面地研究系统思维在教师培训全过程中的作用，为培训设计、实施和改进提供有价值的指导。

（二）研究内容

1. 系统思维理论基础

介绍系统和系统思维的基本概念、原理和方法，以及其在教育领域的应用。着重分析系统思维对于教师培训的重要性和作用。

2. 教师培训全过程解析

对教师培训的全过程进行详细解析，包括训前准备、训中开展和训后跟踪过程中涉及的培训需求分析、培训设计、培训实施、培训评估等各个环节。借助系统思维的方法，分析和优化每个环节的关键要素和相互关系。

3. 教师培训全过程指导

基于系统思维的理论和方法，提出教师培训全过程的指导策略和实践方法，包括如何进行培训需求分析，如何设计有效的培训方案，如何组织和实施培训活动，以及如何评估培训效果等方面的指导。

4. 教师培训全过程案例研究

通过具体的教师培训案例，对系统思维的应用进行深入研究和分析。通过案例研究，探究系统思维在解决实际教师培训问题中的具体应用效果，并总结经验和启示。

该研究旨在提供一种系统化的思维框架和方法，帮助教师培训者更好地理解和应用系统思维，提升教师培训的质量和效果。同时，也为教育管理者和政策制定者提供参考,推动教师培训工作的科学化和规范化发展。

四、研究思路及技术路线

（一）研究思路

1. 研究背景和目的

首先明确研究的背景和目的,说明为什么选择基于系统思维的方法进行教师培训全过程解析与指导的研究,以及研究的价值和意义。

2. 系统思维理论梳理

对系统思维的基本概念、原理和方法进行梳理和整理,包括系统的定义、系统思维的核心要素、系统思维的方法和工具等方面的内容。同时,重点探究系统思维在教育领域的应用和意义。

3. 教师培训全过程解析

对教师培训的全过程进行详细解析,包括培训需求分析、培训设计、培训实施、培训评估等各个环节的关键要素和相互关系。通过系统思维的角度,深入分析每个环节的输入、输出、反馈和调节机制。

4. 系统思维在教师培训中的应用

结合系统思维理论和教师培训实践,探讨系统思维在解决教师培训中的问题应用。比如,如何利用系统思维方法进行培训需求分析和培训设计,如何通过系统思维的方法优化培训实施过程,如何通过系统思维的方法评估培训效果等。

5. 教师培训全过程指导策略

基于系统思维的理论和方法,提出教师培训全过程的指导策略和实践方法。包括如何应用系统思维方法进行培训需求分析和培训设计,如何组织和实施培训活动,如何通过系统思维的方法评估培训效果等方面的指导。

6. 案例研究和实证分析

通过具体的教师培训案例,进行系统思维的应用研究和实证分析。通过案例研究,验证系统思维在解决实际教师培训问题中的应用效果,并总结经验和启示。

7. 结论和展望

总结研究的主要发现和成果,提出未来进一步研究的方向和建议。强调基于系统思维的教师培训全过程解析与指导的重要性和必要性,以及对教师培训实践的推动作用。

（二）技术路线

第一，进行相关文献的综述，了解当前教师培训全过程解析与指导的研究现状和存在的问题。同时深入研究系统思维理论和方法，理解其在教育领域的应用。第二，收集教师培训全过程的相关数据，包括培训需求分析的问卷调查结果、培训设计的教材和教案、培训实施的记录和反馈，以及培训评估的数据等。第三，通过数据分析，了解教师培训全过程中的关键要素和相互关系。基于收集到的数据，运用系统思维的工具和方法，如因果图、系统动力学模型、系统分析等，对教师培训全过程进行解析和分析。第四，通过建立系统模型，揭示各个环节之间的因果关系和反馈机制。根据系统思维的分析结果，提出教师培训全过程的指导策略和实践方法。例如，通过调整培训设计、优化培训实施过程、改进培训评估方法等，提升教师培训的效果。选择具体的教师培训案例进行深入研究和实证分析。第五，通过应用系统思维的方法和策略，对教师培训全过程进行改进和优化，并观察和评估改进后的效果。验证和评估基于系统思维的教师培训全过程的效果和可行性。第六，通过比较实施系统思维方法的教师培训与传统方法的教师培训的差异和优劣，评估系统思维方法在教师培训中的应用效果。总结研究的成果和发现，提出结论和建议，为教师培训的实践和管理提供参考。同时推广系统思维在教师培训领域的应用，促进教师培训的科学化和规范化发展。（如图1-1）

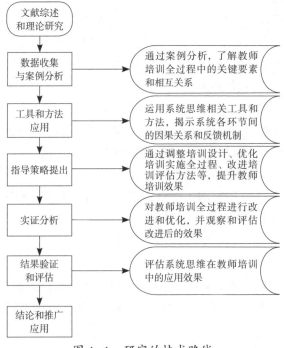

图1-1 研究的技术路线

五、研究的创新之处

（一）整体性视角

传统的教师培训研究大多专注某个环节或某个方面，缺乏对培训全过程的系统性分析和指导。本研究以系统思维为基础，将教师培训视为一个整体，解析和指导需求分析到评估反馈的全过程，强调各个环节之间的相互关系和影响，为教师培训提供了一个全面的视角。

（二）系统思维的应用

本研究将系统思维理论和方法引入教师培训，突破了传统的线性思维模式，强调整体性思考的系统思维。通过运用系统思维的工具和方法，如因果图、系统动力学模型等，对教师培训全过程进行分析和优化，提供了一种系统化的思维框架和方法。

（三）实证研究与案例验证

本研究不仅在理论层面探讨了系统思维的理论和方法，还结合实际的教师培训案例进行了深入研究和实证分析。通过实证研究，验证了基于系统思维的教师培训全过程解析与指导的可行性和有效性，为教师培训提供了实践层面的证据支持。

（四）指导策略的提出

本研究不仅解析了教师培训全过程的关键要素和相互关系，还提出了基于系统思维的教师培训全过程指导策略和实践方法。通过调整培训设计、优化培训实施过程、改进培训评估方法等，提升了教师培训的效果和质量。

（五）实践推广价值

本研究不仅在理论层面提供了系统思维在教师培训中的应用思路和方法，还在实践层面提供了实证研究和案例验证，具有较强的实践推广价值。推广系统思维在教师培训中的应用，有助于促进教师培训工作的科学化和规范化发展。

第2章 教师培训的发展及全过程解析

教育是社会发展的重要基石，而优秀的教师则是教育的核心。教师培训作为提升教师专业素养和教学水平的重要手段，在国内外教育体系中发挥着重要作用。本章旨在探讨教师培训的起源、发展和现状，并深入分析我国教师培训的相关政策。

一、教师培训大观园

（一）教师培训的起源和发展

教师培训的起源可以追溯到古代文明时期，但在现代教育体系中，教师培训的概念才逐渐显现出来。在古代社会，教育通常通过口头传播和大师传承的方式进行，长辈、导师或专家向年轻一代传授知识和技能。例如，古希腊的哲学家、印度的古代文化传承等都包含了教师角色的培训和传递。在古希腊和罗马文明中，出现了一些早期的教育机构，如希腊的学院和罗马的拉丁学校。这些学校主要培养精英阶层的子弟，以古典文化和哲学为主要内容。在中世纪的宗教教育中，修道院起到了教育和培训的重要作用。修道院内的僧侣和修士通过阅读经文、书写手抄本等方式传递知识，也进行了一些基础的数学和科学教育。随着近代社会的兴起，尤其是18世纪末和19世纪初，工业化和城市化的发展引起了对教育体系的改革。各国开始建立更为系统的教育体系，为了培养适应现代社会需求的公民，教师培训成为不可或缺的一部分。19世纪末20世纪初，为了应对不断变化的教育需求，师范学校开始兴起，各国开始建立更为系统的教师培训机构，专门培训教师。这个时期，教师培训主要依赖于师范学校，强调教育理论和教育方法的培训。

1. 教师培训的起源

（1）古代文明中的教师角色。

①古希腊与古罗马：在西方历史中，教师培训的行为可以追溯到古希腊的苏格拉底、柏拉图和亚里士多德等哲学家，他们通过对话和辩论的方式来启发学生。在古罗马，家庭教师（如名为pedagogus的奴隶）承担了为贵族子弟提供教

育的职责。

②古代中国：在中国，儒家思想对教育产生了深远的影响，孔子被认为是中国历史上最早的教育家之一，倡导"有教无类"的教育理念。早期的教师没有接受过正式的培训，通常依靠经验和文化传承来传授知识。

（2）中世纪的教育和教师培训。

①欧洲修道院与教会学校：中世纪的欧洲，教育主要由教会掌控。修道院和教会学校负责培养神职人员，而教师的培训多是以学徒制形式进行，老教师传授知识给年轻教师。

②伊斯兰世界的教师培训：在伊斯兰黄金时期，学校（如麦德尔萨）逐渐发展，教师们通过宗教教育培养下一代学者，虽然没有专门的教师培训体系，但通过传统的学习与教学传承教育方法。

2．教师培训的正式化

（1）18世纪启蒙运动时期。

①启蒙运动的影响：18世纪的启蒙运动推动了公共教育的发展，倡导理性和科学的教育理念。这一时期，教育开始从宗教权威中分离出来，成为社会进步的工具。这为教师培训的正规化铺平了道路。

②德国的范式——师范学校的创立：18世纪晚期，德国教育家约翰·海因里希·裴斯泰洛齐和约翰·赫尔巴特等人开始推动系统的教师培训，并在德国开设了师范学校（Normal Schools），为教师提供专门的培训课程。这些学校不仅教授学科知识，还重视教学法。

（2）19世纪的全球扩展。

①法国与英国的师范教育：法国在19世纪初创立了"法师范学校"系统，用以培养公立学校教师。同一时期，英国也建立了类似的师范学院，特别是在工业革命期间，随着义务教育的发展，培养大量合格教师成为当务之急。

②美国的师范学校：19世纪中期，美国的教师培训也逐步正规化，建立了众多师范学校，如1839年成立的麻萨诸塞州的洛厄尔师范学校，旨在培养小学教师。随着时间的推移，教师教育逐步转向大学和学院。

3．20世纪教师培训的全球化与专业化

（1）公共教育的普及。

①普及义务教育的需求：20世纪，全球范围内义务教育的普及促进了对高素质教师的需求，教师培训成为各国政府的重要议题。世界各地的师范教育机构逐渐普及，教师资格的获取也开始有了更多的统一标准。

②教师培训课程的标准化：这一时期，许多国家开始建立全国性教师培训标准和认证体系，确保教师具备合格的教学能力和专业知识。例如，美国的教师资

格认证逐渐规范化，要求教师在通过某些特定的教育课程和实习后方能执教。

（2）教育理论的发展。

①杜威与进步教育运动：20世纪初，美国教育家约翰·杜威提出了"进步教育"理念，强调"做中学"和学生的个体差异，影响了全球的教师培训。杜威的思想推动了教师培训课程需要更注重实践教学法和学生中心的教学设计。

②其他重要教育学家的教育理论：如俄罗斯的维果斯基的最近发展区理论和意大利的玛利亚·蒙台梭利的蒙台梭利教育法等，这些理论影响了教师培训，使教师的角色从知识传授者转变为学生的引导者。

4. 现代教师培训的全球趋势

（1）从师范学校到大学教育系。

①教师教育的学术化：20世纪下半叶，许多国家的教师培训逐步转移到高等教育系统中，特别是大学中的教育学院。教师不再只接受基础的职业培训，还要学习教育心理学、课程设计和课堂管理等理论。

②专业发展：随着教育越来越多样化，教师的专业化发展也成为重点，教师不再只是一纸资格证书，而是要不断进行职业培训和继续教育，以应对快速变化的教育需求。

（2）技术在教师培训中的应用。

①远程教育与在线培训：信息技术的发展使得教师培训更加灵活，在线课程和远程教育平台如MOOC（Massive Open Online Course，大型开放式网络课程）为全球教师提供了学习和发展的机会，打破了地域的限制。

②教育技术的整合：教师培训中，如何利用现代科技进行教学，如多媒体教学、虚拟课堂、在线资源等，也成为教师培训中的重要课题。

（3）全球化和教师培训的国际标准。

①国际组织的推动：联合国教育、科学及文化组织（UNESCO，简称联合国教科文组织）等国际组织在全球教育改革中发挥了重要作用，致力于提高全球教师培训的标准。例如，UNESCO制定了全球教师培训框架，旨在促进跨国教师资格的认可。

②国际交流与合作：跨国教师培训项目、教师交流计划和国际教育合作项目日益普及，如欧盟的"Erasmus+"项目和中国的孔子学院教师培训项目。这些项目促进了教师之间的国际交流，提升了全球教育的多样性和质量。

5. 21世纪教师培训的新挑战与未来趋势

（1）持续的教师专业发展。

①终身学习：在现代社会中，教师不再是"一次性培训"，而是需要不断接受培训，以适应新的教学方法、技术和教育政策。教师的继续教育和专业发展项

目已成为常态。

②跨学科能力：教师不仅需要在学科内有深厚的知识，还需要具备跨学科的教学能力，以应对现代学生的多样化需求。

（2）技术革命的影响。

①人工智能与数据驱动教学：随着人工智能和大数据的应用，教师培训也开始关注如何利用这些技术来分析学生数据、开展个性化教学，甚至与AI合作完成部分教学任务。

②虚拟现实与增强现实（VR/AR）：这些技术在教师培训中可以用来模拟课堂场景，使教师在虚拟环境中进行教学演练，提升其课堂管理和应对突发情况的能力。

（3）全球教师短缺与教育公平。

①教师短缺问题：许多发展中国家仍面临教师短缺的挑战，特别是在农村和偏远地区。为应对这一挑战，许多国际组织和政府制定了专门的教师培训项目，以快速增加教师的数量并提高教师队伍的质量。

②教育公平：全球教育公平的呼声越来越高，教师培训也在向更多关注社会公正、包容性教育和性别平等等方向发展。

（二）教师培训的关键阶段

教师培训的发展经历了从传统到现代、从单一到多元的变化，教师培训发展经历的七个关键阶段可以概括如下：

1. 传统阶段

在早期，教师培训主要是基于传统的口头传授和师徒制，教育者通过直接传授知识、技能和价值观来培训新一代教师。这种传统方式在古代文明时期以及中世纪的宗教学校中较为常见。

2. 师范学校的兴起阶段

随着近代教育体制的形成，开始兴起专门培训教师的师范学校。19世纪末20世纪初，工业化和城市化的发展促使教育体系的改革，师范学校成为培养合格教师的主要途径，强调教育理论和教学方法的传授。自这时期起，师范学校为我国培养了一批批优秀的中小学教师。

19世纪末20世纪初，我国处于教育改革的初期，面临着发展新式教育的迫切需求。当时，中小学教育被视为国家教育体系的基础，而优质的师资力量是提高教育质量的关键。因此，师范学校的兴起成为必然趋势。在这一阶段，一批师范学校应运而生，如1902年创立的京师大学堂师范馆、1905年创立的南京高等师范学校等。这些师范学校不仅传授教育理论知识，还重视实践教学，培养具备教育教学能力的合格教师。主要体现在以下八个方面：

（1）教育目标。师范学校的兴起阶段，强调培养教师的教育教学能力和职业道德，使教师具备敬业精神和责任感。

（2）课程设置。在这一阶段，师范学校的课程设置主要包括教育理论、学科知识、实践教学等，旨在培养教师的全局观念、专业素养和创新能力。

（3）教学方法。师范学校采用启发式教学、讨论式教学等现代教育方法，提高教师的教学能力和科研水平。

（4）师资力量。师范学校注重引进和培养优秀师资，形成了一支专业、敬业的教师队伍。

（5）实践教学。师范学校注重加强与中小学的联系，开展实践教学，让教师在实际的教育教学场景中锻炼能力。

（6）学术研究。师范学校鼓励教师开展教育教学研究，推动教育理论与实践的结合。

（7）国际合作与交流。师范学校积极开展国际合作与交流，引进国际先进的教育理念和教学方法，提升教师的教育教学水平。

（8）社会评价。师范学校的兴起阶段，社会各界对教师培训的重视程度逐渐提高，师范学校在社会地位和影响力方面得到了充分肯定。

总之，师范学校在教师培训的兴起阶段，为我国培养了大量优秀的中小学教师，奠定了我国基础教育的发展基础。在这一阶段，师范学校发挥了重要作用，为教育改革和发展做出了积极贡献。随着时代的发展，师范学校在教师培训方面的任务和使命不断拓展，将继续为我国教育事业发展贡献力量。

3. 多元化培训形式阶段

随着教育理念的变化，教师培训开始趋向多元化，不再局限于传统的课堂培训。教师培训中的多元化培训形式是指针对教师的不同需求，采用多种类型、多个层次、多样化的培训方式，旨在提高教师的专业素质和教育教学能力。

多元化培训形式的主要特点：

（1）类型多样。多元化培训形式包括线下培训、线上培训、实地考察、境外研修、学术交流、专业研讨等。

（2）层次丰富。多元化培训针对教师不同发展阶段的需求，设置初阶、中阶和高阶等不同层次的培训课程。

（3）形式灵活。多元化培训采用讲座、研讨会、案例分析、教学观摩、实践操作等多种形式，满足教师个性化学习需求。

（4）内容丰富。多元化培训涵盖教育教学理念、教育心理学、学科教学方法、教育技术应用、跨文化交际等多个方面。

（5）实践性强。多元化培训注重教育教学实践，让教师在实际教学场景中学习和成长。

（6）国际化元素。多元化培训融入国际化元素，让教师了解国际教育发展趋势，提升国际视野。

（7）评估与反馈。在多元化培训的过程中，及时对教师的学习成果进行评估和反馈，以便调整培训内容和方式。

（8）持续性发展。多元化培训关注教师的专业发展，为教师提供持续的学习机会和成长空间。

多元化培训的优点：

（1）满足个性化需求。多元化培训形式丰富，能满足不同教师的学习需求和兴趣。

（2）提高学习效果。多元化培训采用多种教学方法和形式，有助于提高教师的学习效果。

（3）增强实践能力。多元化培训注重实践性，有助于提高教师的教学实践能力。

（4）拓展国际视野。多元化培训融入国际化元素，开拓教师的国际视野和提升其跨文化交际能力。

（5）促进教师成长。多元化培训关注教师的专业发展，为教师提供持续成长的平台。

（6）提升教育教学质量。多元化培训有助于提高教师的教育教学水平，从而提升整体教育教学质量。

总之，多元化培训形式是一种针对教师需求，注重实效和可持续发展的教师培训方式。在我国教育改革和发展的大背景下，多元化培训形式得到了广泛的应用和推广，为提升教师队伍的整体素质做出了积极的贡献。

4. 关注继续教育阶段

20世纪中期以后，继续教育的概念逐渐引起重视。由于社会的快速变化，教师需要不断更新知识和技能，以适应新的教育需求。因而，继续教育成为教师培训的一部分，通过研讨会、短期课程、在线课程等方式，教师可以在职业生涯的不同阶段不断学习和发展。

20世纪中期以后，我国教育事业面临新的挑战，教育改革和发展的需求促使教师培训体系不断得到完善。继续教育的概念逐渐引起重视，成为教师培训的重要组成部分。

（1）培训形式。继续教育采用多种形式，包括在职培训、离职培训、远程教育、学术交流、专业研讨等。这些培训形式兼顾教师的工作需求和个人发展，注重实用性和灵活性。

（2）内容拓展。继续教育的培训内容逐渐拓展，涵盖教育政策法规、教育心理学、教育技术应用、学科教学法、教育科研方法等多个方面。

（3）个性化需求。继续教育注重满足教师的个性化需求，根据教师的不同发展阶段和专业特点，制定有针对性的培训方案。

（4）实践性。继续教育强调实践教学，让教师在实际教育教学场景中提升能力。

（5）评估与反馈。在继续教育的过程中，对教师的学习成果进行评估和反馈，以便调整培训内容和方式。

（6）政策支持。政府颁布了一系列关于继续教育的政策法规，加大对教师继续教育的投入和支持力度。

（7）社会参与。继续教育吸引了社会各界参与，企业、高校、研究机构等共同为教师培训贡献力量。

（8）国际化。继续教育逐步融入国际化元素，教师有机会参加国际学术交流和培训，提升国际视野。

继续教育阶段教师培训的意义：

（1）提升教师素质。继续教育使教师不断提高专业素质和教育教学能力，为提高整体教育质量奠定基础。

（2）促进教育改革。继续教育推动教师更新教育观念，探索教育教学改革，为我国教育事业发展注入活力。

（3）满足个性化需求。继续教育注重教师个性化发展，有利于挖掘和激发教师潜能。

（4）促进教师终身学习。继续教育促使教师树立终身学习的理念，养成良好的学习习惯。

（5）增强教师队伍凝聚力。继续教育加强了教师之间的交流与合作，增强了教师队伍的凝聚力。

总之，20世纪中期以后，继续教育在教师培训中发挥着日益重要的作用。随着科技的进步和社会的发展，继续教育将不断创新和完善，为我国教育事业发展提供更强大的师资支持。

5. 教育技术的融入阶段

随着信息技术的发展，教育技术逐渐被引入教师培训中。教师需要学习如何有效地利用技术来提升教学质量，包括在线教学、电子资源的使用、虚拟实验室等。

教师培训中的教育技术融入阶段主要发生在20世纪末至21世纪初。随着信息技术的发展和普及，教育技术逐渐融入教师培训，成为提高教师教育教学能力的重要手段。

（1）培训内容。教育技术融入阶段的教师培训，内容涵盖教育技术理论、硬件设备使用、软件应用、网络教学、多媒体教学等方面。

（2）实践操作。培训过程中，教师需要参与实践操作，熟练掌握各种教育技术工具和平台的使用，提高自身的教育教学能力。

（3）案例分析。教育技术融入阶段的培训，注重分析教育教学中的实际案例，让教师了解教育技术在课堂中的应用价值和应用策略。

（4）互动交流。培训过程中，教师之间进行互动交流，分享教育技术应用的经验和心得，促进共同成长。

（5）评估与反馈。培训中对教师的教育技术应用能力进行评估和反馈，以便调整培训内容和方式。

（6）在线学习。教育技术融入阶段的教师培训，应充分利用网络平台开展在线学习，让教师自主选择学习时间和地点。

（7）混合式培训。采用线上和线下相结合的混合式培训方式，既注重理论知识的传授，又强调实践操作能力的培养。

（8）合作学习。培训中鼓励教师团队合作，共同探讨教育技术在教育教学中的应用策略和创新实践。

（9）持续发展。教育技术融入阶段的教师培训，旨在培养教师持续学习的能力，使教师在职业生涯中不断更新知识和技能。

教育技术融入阶段教师培训的意义：

（1）提升教师信息技术素养。教育技术的融入，有助于提高教师的信息技术素养，使教师更好地适应信息化教育环境。

（2）改革教育教学模式。教育技术的应用，促进了教育教学模式的创新，提高了教育教学质量。

（3）激发教师教学创造力。教育技术的融入，为教师提供了更多教育教学手段和创意空间，激发了教师的教学创造力。

（4）促进教育资源共享。教育技术的普及，有助于优质教育资源的共享和传播，缩小地区教育差距。

（5）增强教师职业竞争力。掌握教育技术的教师，在教育教学岗位上具有更强的竞争力，更有利于个人职业发展。

教育技术融入阶段的教师培训，为我国教师队伍注入了新的活力，为教育事业发展奠定了坚实基础。随着科技的不断进步，教育技术在教师培训中的应用将更加广泛，发挥更大的作用。

6. 关注教育创新和教育智能阶段

近年来，教育创新和教育智能成为教师培训的热点话题。教师培训开始注重培养创新思维和教育智能，以应对不断变化的教育环境和学生需求。

（1）教育创新。教育创新是指在教育领域引入新的理念、方法、技术等，以提高教育教学质量和满足学生的个性化需求。教育创新包括课程创新、教学方法创新、教育评价创新等。

（2）培训内容。教育创新阶段的教师培训，内容涵盖教育创新理念、教育技术应用、教育教学方法改革、学生个性化教育等方面。

（3）实践探索。培训过程中，教师需要参与实践探索，将教育创新理念应用于实际教育教学场景，提升自身创新能力。

（4）互动交流。培训中鼓励教师之间进行互动交流，分享教育创新的经验和心得，促进共同成长。

（5）评估与反馈。培训中对教师的教育创新能力和实践成果进行评估和反馈，以便调整培训内容和方式。

（6）教育智能。教育智能是指利用人工智能、大数据、云计算等技术，提高教育教学质量和效率。教育智能阶段的教师培训，内容涵盖人工智能在教育中的应用、教育大数据分析、信息技术与教育教学的融合等方面。

（7）培训方式。教育创新和教育智能阶段的教师培训，采用线上、线下相结合的方式，注重理论知识和实践操作的结合。

（8）合作学习。培训中鼓励教师团队合作，共同探讨教育创新和教育智能的应用策略和创新实践。

（9）持续发展。教育创新和教育智能阶段的教师培训，旨在培养教师持续学习的能力，使教师在职业生涯中不断更新知识和技能。

教育创新和教育智能阶段教师培训的意义：

（1）提升教师创新能力。教育创新阶段的培训，有助于提高教师的教育创新能力，为教育教学改革注入新活力。

（2）促进教育智能化。教育智能阶段的培训，有助于推动教育教学的智能化，提高教育教学质量和效率。

（3）满足学生个性化需求。教育创新和教育智能的应用，有助于满足学生的个性化需求，促进学生全面发展。

（4）拓展教师职业发展空间。教育创新和教育智能的培训，为教师提供了新的职业发展路径，提升了教师的竞争力。

（5）推动教育公平。教育创新和教育智能的应用，有助于优质教育资源的共享，促进教育公平。

教育创新和教育智能作为教师培训的热点话题，对提高我国教育教学质量和培养新时代教师具有重要意义。随着科技的发展和教育的改革，教育创新和教育智能在教师培训中的应用将更加广泛，发挥更大的作用。

7. 个性化发展的阶段

当前，越来越多的教师培训倡导个性化发展，鼓励教师根据自身特点和需求选择适合自己的培训路径。个性化的培训计划可以更好地满足教师的专业发展需求。

（1）培训内容。个性化发展阶段的教师培训，内容涵盖教育理念更新、教学方法创新、学生个性化教育、教师心理健康等方面。培训课程设置注重多样性，满足不同教师的个性化需求。

（2）自主学习。培训过程中，鼓励教师自主学习，根据自己的需求选择学习内容、学习方式和进度。

（3）实践导向。培训注重实践操作，让教师在实际教育教学场景中应用所学知识和技能，提高实践能力。

（4）互动交流。培训中，教师之间进行互动交流，分享个性化教育的心得和实践经验，促进共同成长。

（5）评估与反馈。培训中对教师的个性化发展水平和实践成果进行评估和反馈，以便调整培训内容和方式。

（6）多元化教学。培训中采用多元化的教学手段，如讲座、研讨会、案例分析、教学模拟等，满足教师多元化的学习需求。

（7）导师制度。引入导师制度，为教师提供个性化指导，帮助教师解决教育教学中的实际问题。

（8）合作学习。鼓励教师团队合作，共同探讨个性化教育策略和创新实践。

（9）持续发展。个性化发展阶段的教师培训，旨在培养教师持续学习的能力，使教师在职业生涯中不断更新知识和技能。

个性化发展阶段教师培训的意义：

（1）满足教师个性化需求。个性化发展阶段的培训，有助于满足教师的个性化需求，提高教师的教育教学能力。

（2）促进教师自主发展。自主学习模式的推广，有助于培养教师自主发展的意识，使教师在职业生涯中持续成长。

（3）提升教育教学质量。个性化教育理念和方式的培训，有助于提高教育教学质量，满足学生的个性化需求。

（4）促进教育创新。个性化发展阶段的教师培训，有助于激发教师的教育创新意识，推动教育教学改革。

（5）增强教师团队凝聚力。互动交流和合作学习的培训方式，有助于增强教师团队的凝聚力和合作精神。

个性化发展阶段的教师培训，是我国教育改革和教师专业发展的必然趋势。随着教育理念的更新和实践经验的积累，个性化发展在教师培训中的应用将更加广泛，发挥更大的作用。

8. 教师培训未来发展趋势

展望未来，教师培训将继续朝着更加多样化、个性化和灵活化的方向发展。以下是一些可能的发展趋势：

（1）数据驱动的培训设计：利用大数据分析教师的教学行为和学生的学习效果，从而设计出更为精准的培训内容。

（2）人工智能与虚拟现实的应用：人工智能和虚拟现实技术将在教师培训中得到广泛应用，通过模拟教学场景、虚拟课堂观察等方式，提升培训的实效性。

（3）协作学习与网络社区：教师之间的协作学习和网络社区将成为重要的培训形式，教师可以通过在线社区分享经验、资源和教学策略，实现共建共享。

（4）跨学科与跨领域培训：未来的教师培训将更加强调跨学科与跨领域的融合，培养教师在不同知识领域的综合应用能力。

总之，教师培训的起源和发展反映了教育在不同历史时期的演进。随着社会和技术的不断进步，教师培训也在不断创新和发展，力求为教师提供更为有效的支持，帮助他们应对未来教育的挑战。

（三）国内外教师培训的发展

国内外教师培训的现状在不同国家和地区有所差异，但普遍来说，教师培训正处于多元化、创新化和国际化发展的时期。

1. 国外教师培训发展

（1）美国：美国的教师培训现状呈现出多样性和分散性的特点。教师培训通常由州政府、学区、大学和非营利机构等各个组织提供。一些州要求教师须获得教育学位或通过教育学院的培训，同时还需要通过教育考试，以获得教师资格。此外，美国还有许多专门的教育机构和组织提供继续教育、专业发展和研讨会等培训，以帮助教师不断提升教学水平。具体可以从以下七个方面进行概括：

①多元化的培训模式。美国教师培训涵盖了各个学习阶段，包括学前教育、中小学教育、高等教育等。培训模式多样化，如面对面授课、在线学习、实践教学等，以满足不同教师的需求。

②持续的专业发展。美国教师需要不断进行专业发展，以更新知识和技能，

适应教育改革和发展。教师培训旨在提高教师的教育教学能力,促进教育教学创新。

③融入教育创新和教育智能。随着科技的发展,美国教师培训开始融入教育创新和教育智能元素,如人工智能、大数据、云计算等,以提高教育教学质量和效率。

④重视双语教师培养。美国双语教师培养现状日益受到关注,报告指出双语沉浸式教育模式在美国公共教育中逐渐流行,为此,美国加大了对双语教师的培训力度。

⑤学位和工资待遇相结合。美国教师培训与教师的学位和工资待遇相结合,教师通过进修课程提高学位,从而提高工资水平。此外,教师职务没有终身保障,教员资格有效期一般是5~10年,因此,教师需要不断学习以保持竞争力。

⑥州政府监管和地方合作。美国教师培训体系受到州政府的监管,同时,州政府、学校、教育机构和社会团体共同参与教师培训工作,形成合作共赢的局面。

⑦教师培训成果评估。美国对教师培训成果进行评估,关注教师的专业素养、教育教学能力等方面的提升。评估结果用于改进教师培训体系和课程设置,以提高培训质量。

美国教师培训现状具有多元化、持续性、创新性等特点。由于美国的教育体制是地方分权制,各州甚至各学区都有很大的自主权,这导致教师培训的内容和方式呈现多样化的特点。不同的州和学区根据该地区的需求和条件,制订不同的培训计划,包括大学教育学院培养、在线教育培训、校本培训和实践导向培训等,以满足不同地区和不同教师的需求。这种多元化的培训模式使得教师能够根据自身的发展阶段和专业背景,选择适合自己的培训方式,从而更好地提升自己的教育水平和教学能力。此外,近年来,美国许多大学、教师培训机构、中小学以及教师专业团体纷纷尝试探索新的培训模式,如"学校本位"模式。这种模式注重校本培训,强调学校配备教师培训联系人,收集培训要求和意见,并请专业人员有针对性地进行设计,亲自到中小学帮助教师解决问题。这种创新性的培训模式不仅提高了培训的效果,也提高了教师的参与度和满意度。

(2)英国:英国的教师培训具有多元化的特点,有不同途径和程序供教师选择。英国的教师培训主要分为两种,大学本科阶段的教育学学位和教师职前培训。教育学学位通常注重教育理论和教育研究,而教师职前培训则更强调实际教学技能。此外,英国还有专门的教师培训机构,如教育学院和教育中心,为教师提供继续教育和专业发展课程。英国教师培训现状具有以下特点:

①严格的教师培训标准。英国对教师的培训具有严格的标准和要求,旨在

确保教师具备高质量的教育教学能力。教师培训课程涵盖学科知识、教育教学方法、学生心理学等多个方面。

②分为初任教师和在职教师培训。英国教师培训分为初任教师培训和在职教师培训两个阶段。初任教师培训主要针对新教师，帮助他们适应教育教学工作；在职教师培训旨在提升教师的专业发展。

③培训课程与实践相结合。英国教师培训注重理论与实践相结合，教师在培训过程中需要参与教学实践，以提高实际教育教学能力。

④多元化的培训方式。英国教师培训采用多种方式，如面对面授课、在线学习、研讨会、教学实践等，以满足不同教师的需求。

⑤政府投入和支持。英国政府高度重视教师培训，将教师培训经费列入政府预算，确保教师培训的顺利进行。

⑥师范教育与在职培训相结合。英国教师培训体系将师范教育与在职培训相结合，教师在完成学业后还需接受持续的专业发展培训。

⑦评估与反馈。英国教师培训过程中，会对教师的教育教学能力进行评估，并给予及时的反馈，以便调整培训内容和方式。

⑧重视教师心理健康。英国教师培训体系关注教师心理健康，为教师提供心理支持和辅导，以提高教师的教育教学效果。

⑨合作与交流。英国教师培训鼓励教师之间的合作与交流，分享教育教学经验和心得，促进共同成长。

总之，英国教师培训是一个注重实践、持续发展和创新的体系。这种培训模式有助于培养高素质、专业化的教师队伍，为英国的教育事业提供坚实的人才保障。同时，英国教师培训也在不断探索和尝试新的培训模式和方法，以适应教育领域的不断变化和发展。

（3）芬兰：芬兰被广泛认为是世界上教育最成功的国家之一，其教师培训模式也备受关注。芬兰的教师培训注重培养教师的专业素养和创新能力。教师培训在芬兰通常分为三个阶段：大学本科阶段、硕士研究生阶段和实习阶段。在大学本科和硕士研究生阶段，让未来教师学习教育学、学科知识和教育研究，强调理论和实践相结合。实习阶段让未来教师亲身体验教学，获得实际教育经验。芬兰教师培训现状具有以下特点：

①高标准的教育背景。芬兰对教师的教育背景要求较高，大多数教师都具备硕士及以上学历。这保证了教师具备较高的理论素养和教育研究能力。

②重视教师继续教育。芬兰的教师培训体系注重教师的继续教育，教师需不断更新知识和技能，以适应教育改革和发展。

③融入教育创新。芬兰教师培训与时俱进，关注教育创新，如信息技术、多

元智能、学生个性化教育等方面。

④强调合作与团队精神。芬兰教师培训鼓励教师之间的合作与交流，分享教育教学经验和心得，培养团队精神。

⑤严格的教师资格认证。芬兰实行严格的教师资格认证制度，教师需通过国家教师资格考试，才能获得教师资格证书。

⑥注重教师心理健康。芬兰教师培训关注教师心理健康，为教师提供心理支持和辅导，以提高教师的教育教学效果。

⑦跨学科培训。芬兰教师培训涵盖多个学科，旨在培养教师跨学科的教学能力，以满足教育教学的需要。

⑧教育部门与学校合作。芬兰的教育部门与学校紧密合作，共同推进教师培训工作。同时，学校还需对教师的教学工作进行定期评估，以确保教学质量。

⑨关注学生权益。芬兰教师培训强调关注学生权益，尊重学生的个性差异，培养学生的自主学习能力。

⑩高质量的教师培训体系。芬兰教师培训体系以高质量为目标，注重培养教师的教育教学能力和专业素养。

芬兰教师培训现状注重教师教育背景、继续教育、教育创新、团队合作等方面，旨在提高教师的教育教学能力，促进教育质量的提高。芬兰教师培训体系以其高质量和有效性，在世界范围内享有较高声誉。

（4）法国：法国的教师培训体系由多个阶段构成。未来教师需要通过国家的高等教师与教师学院（école supérieure du professorat et de l'éducation，ESPE）获得教育学位。教师培训内容包括教育学、学科知识、教育法律和教学方法等方面。在教师培训期间，学生需要进行实习，与有经验的教师合作，学习教学技巧和适应教育环境。法国教师培训现状具有以下特点：

①多元化的培训模式。法国教师培训涵盖各个层次，包括学前教育、中小学教育、高等教育等。培训模式多样化，如面对面授课、在线学习、实践教学等，以满足不同教师的需求。

②继续教育与专业发展。法国教师需要不断进行专业发展，以更新知识和技能，适应教育改革和发展。继续教育是法国教师培训的重要组成部分，教师需定期参加培训课程，提升自身教育教学能力。

③融入教育创新。法国教师培训关注教育创新，如信息技术、多元智能、学生个性化教育等方面。培训课程旨在培养教师的教育教学创新能力，提高教育教学质量。

④严格的教师资格认证。法国实行严格的教师资格认证制度，教师需通过国家教师资格考试，才能获得教师资格证书。

⑤学科培训与跨学科培训。法国教师培训既注重学科知识，也强调跨学科培训，以培养教师在不同学科之间的教学能力。

⑥教育部门与学校合作。法国的教育部门与学校紧密合作，共同推进教师培训工作。同时，学校还需对教师的教学工作进行定期评估，以确保教学质量。

⑦关注学生权益。法国教师培训强调关注学生权益，尊重学生的个性差异，培养学生的自主学习能力。

⑧高质量的教师培训体系。法国教师培训体系以高质量为目标，注重培养教师的教育教学能力和专业素养。

⑨政府支持。法国政府高度重视教师培训，将教师培训经费列入政府预算，确保教师培训的顺利进行。

⑩评估与反馈。法国教师培训过程中，会对教师的教育教学能力进行评估，并给予及时的反馈，以便调整培训内容和方式。

总的来说，法国教师培训是一个系统化、专业化的过程，旨在培养高素质、专业化的教师队伍，为法国的教育事业提供有力的人才保障。同时，法国教师培训也体现了对教师职业发展的重视和支持，为教师的个人成长和职业发展提供了广阔的空间和机会。

（5）德国：德国的教师培训体系是高度系统化和专业化的，涵盖了从大学教育到实际教学实践的多个阶段。其特点是理论与实践并重，确保教师具备坚实的学术基础和实际教学技能。以下是德国教师培训体系的具体组成部分：

①分层结构的培训体系：德国的教育体系将教师分为不同层级，根据教育阶段（如小学、中学和高中）提供不同的培训路径。通常，教师培训分为两大主要阶段，大学阶段的学术培训和学校见习阶段（Referendariat）。这两个阶段是所有教师都必须经历的。

②大学阶段的学术培训：德国教师的学术培训主要在大学和师范院校完成。该阶段的重点是学科教育和教学理论的学习，培训内容通常包括以下几个方面：

第一，学科教育。教师培训的核心是教师所选择的学科领域。在大学期间，未来的教师需要选择两门学科（Fächer）（如数学、物理、德语等）作为主要研究方向。学科教育通常侧重于以下几点：

深度的学科知识。教师必须具备所教授学科的扎实基础，通常学习内容相当于学科专家水平。

教学法（Didaktik）。学科教学方法是学科培训的核心之一，旨在帮助教师掌握如何将学科知识有效传授给不同年龄段的学生。

第二，教育学与心理学。除了学科知识，教育学（Erziehungswissenschaft）是教师培训中的必修内容。课程通常包括教育理论、儿童和青少年心理学、教育政策以及社会学等知识领域。重点内容包括：

教育理论与政策。教师需要了解德国教育系统的运作机制、政策和法律框架。

心理学。教师必须掌握关于儿童和青少年的心理发展知识，以便根据学生的认知水平和情感需求调整教学方式。

第三，第一国家考试（Erstes Staatsexamen）。大学阶段的学术培训结束时，学生必须通过第一国家考试。这是一个综合考试，涵盖学科知识、教学法和教育理论，考试合格者才有资格进入见习阶段（Referendariat）。

③见习阶段（Referendariat）：见习阶段是德国教师培训的重要环节，通常为期18到24个月。这一阶段的教师被称为"见习教师"（Referendare），他们在实际学校中进行教学实习，由资深教师和导师进行指导。这一阶段的特点包括：

第一，实践导向的教学培训。见习教师需要在中小学实际承担教学工作，并接受资深教师的指导。这一过程中，见习教师通过观察资深教师的课堂，逐步接手部分或全部教学任务，以获得实际的教学经验。

第二，教学评估与反馈。见习教师的工作表现会定期接受评估，包括课堂教学的效果、学生反馈、教学准备的质量等。导师和培训机构会提供个性化的反馈和改进建议，以帮助见习教师逐步提升教学能力。

第三，第二国家考试（Zweites Staatsexamen）。见习阶段结束时，见习教师需要参加第二国家考试。这是一次严格的教学评估，包括理论测试和实际教学展示。通过这一考试，见习教师才能获得正式的教师资格，成为国家认可的公职教师。

④教师的继续教育与职业发展：在获得教师资格后，德国的教师仍需不断进行职业发展培训，以适应不断变化的教育环境和教学技术。这种终身学习的理念是德国教师培训的重要组成部分，主要通过以下几种方式实现：

第一，继续教育（Fortbildung）。继续教育课程由州政府或学校管理当局提供，内容包括最新的教育研究成果、新教学方法的介绍以及数字化技术的应用。这些课程通常是自愿的，但有些州会规定教师必须完成一定学时的继续教育。

第二，专业发展计划。一些学校和教育管理部门为教师提供个性化的专业发展计划，帮助教师根据个人职业需求和兴趣领域进行进一步深造。例如，教师可以选择参加特定学科的深度培训、教育领导力课程或跨学科交流活动。

⑤培训的区域差异与统一性：德国是一个联邦制国家，各个州对教师培训的规定可能有所不同。例如，不同州对见习期的时间长度、课程设置和考试标准有不同的要求。但总体而言，德国教师培训体系有相对统一的标准，确保所有教师

都能接受高质量的培训并符合国家的教学要求。

（6）意大利：意大利的教师培训有着深厚的历史渊源，可以追溯到文艺复兴时期，当时的教育主要由教会组织提供，并且集中在贵族和富裕阶层。随着19世纪意大利的统一和公共教育制度的建立，教师培训逐渐系统化。尤其是在20世纪，意大利政府采取了一系列改革措施，推动了教师培训的现代化发展。意大利的教师培训体系包括三个主要阶段，大学阶段的基础培训、教师资格考试和实际教学实习（Tirocinio Formativo Attivo，TFA）。此外，获得教师资格后，教师还需进行终身学习和继续教育。根据教学的不同层次（幼儿园、小学、中学和高中），教师培训的具体要求会有所不同。

①大学阶段的基础培训：未来的教师必须首先在大学阶段获得相关的学术培训。不同层次的教师有不同的学位要求：

幼儿园和小学教师。需要完成五年的综合性教育学学位课程（Laurea Magistrale a Ciclo Unico in Scienze della Formazione Primaria），这门课程涵盖了基础教育学、心理学、教学法以及多学科的基础知识。

中学和高中教师。需要获得与所教学科相关的学术学位（Laurea Magistrale），通常为期两年。这一阶段的培训主要集中在学科的专业知识以及教学方法的学习。

②教师资格考试：大学阶段的学术培训结束后，未来的教师必须参加并通过教师资格考试（Concorso per Docenti）。这一考试由意大利国家教育部（MIUR）组织，分为笔试和口试两个部分：

笔试：考察教师的学科知识和教育学知识。

口试：评估教师的教学方法、课堂管理能力和实践技能。

通过资格考试后，考生可以进入下一阶段的实际教学实习（TFA）。

③实际教学实习（Tirocinio Formativo Attivo，TFA）

TFA是意大利教师培训的重要组成部分，为期一年。这一阶段的教师被称为"实习教师"，他们在学校中进行实际教学，在资深教师的监督下开展课堂教学，并接受培训导师的指导。TFA的目标是将教师的理论知识与实践经验结合起来，帮助未来教师适应真实的教学环境。

④继续教育与职业发展：意大利的教师培训体系不仅重视入职前的培训，还强调入职后的持续职业发展。教师在获得正式资格后，仍需参与继续教育课程（Formazione Continua），以更新教学方法和教育技术，提升教学质量。这些继续教育课程通常由教育部和地方教育机构联合提供，内容包括：

新教学技术的应用。特别是近年来，意大利教育系统加强了对数字化教学工具的培训，以应对现代教育技术的发展需求。

教育政策与教学法更新。帮助教师了解最新的教育政策变化，并提升其教学法的有效性。

跨学科培训。鼓励教师跨学科交流和合作，以适应日益复杂的教学环境。

⑤教师培训的区域差异：意大利是一个高度分权的国家，教育系统的某些方面由各大区（Regioni）自行管理，因此，不同地区的教师培训在实施细节上存在一些差异。例如，南部地区与北部地区在教育资源的分配、师资力量以及培训项目的组织上可能有所不同。尽管如此，国家教育部仍然通过国家级标准来确保教师培训的整体质量一致性。

（7）荷兰：荷兰的教师培训体系是欧洲最为成熟和创新的体系之一，注重理论与实践的结合，并强调教师的持续专业发展和自主性。荷兰的教师培训涵盖从幼儿园到中学的各个教育阶段，其特点是灵活性、实践性和终身学习理念。以下是荷兰教师培训体系的详细介绍。荷兰的教师培训体系分为两大主要部分，初始教师教育和继续专业发展。

①初始教师教育。未来的教师必须完成一系列课程和实践活动，主要分为以下两种路径：

a. 主要针对小学和幼儿园教师的培训（PABO，Pedagogische Academie voor het Basisonderwijs），课程为期四年。

PABO是荷兰小学和幼儿园教师的主要培训途径。它结合了教育学、心理学、学科知识和实际教学实践。该课程的特点包括：

（a）广泛的教学法和学科知识：涵盖所有小学阶段的核心课程（如数学、语言、科学等），以及适合幼儿的早期教育方法。

（b）教育理论与实践结合：学生不仅要学习理论课程，还要每年进行多次教学实习，逐渐掌握如何管理班级和设计课程。

（c）多样化的教学能力：注重如何在一个多元文化、多语言的环境中教学，帮助教师应对荷兰的多元化社会。

b. 大学和大学学院的教师培训（Educatieve Masteropleidingen），为初中和高中的学科教师提供硕士学位教育，通常为期一到两年。

对于中学教师（初中和高中），他们必须首先获得与其所教授学科相关的硕士学位。之后，他们需要在大学或大学学院进行教育学硕士课程（Educatieve Masteropleiding）。课程内容包括：

（a）学科知识。深入学习所教授科目的内容。

（b）教学法和课堂管理：如何有效地教授学科内容，管理学生并促进学术成就。

（c）教学实习：与小学教师类似，中学教师也需要完成大量的课堂实习，确保在真实环境中积累经验。

同时,荷兰所有未来的教师必须通过教育学和学科知识的相关考试,并在完成规定的实习后获得教师资格证书(Basiskwalificatie Onderwijs,BKO)。这一证书是教师在荷兰学校任教的必要条件。

②教师的继续专业发展。荷兰的教师培训体系强调教师在职后的继续教育和专业发展,主要通过两种方式进行:

a. 职业发展计划:荷兰的教师必须参与持续的职业发展培训,通常由学校或地方教育管理部门提供。这些培训内容灵活多样,涉及教育技术、教学创新、教育心理学、特殊教育等主题。教师可以根据自己的职业发展需求和兴趣领域选择合适的课程。

b. 终身学习理念:荷兰的教育政策高度重视终身学习的理念,教师被鼓励不断提升自己的专业素养,参与国际交流项目、进修课程以及学术研究。终身学习不仅是教师个人职业发展的重要途径,也是荷兰教育系统应对社会变化和教育需求的关键手段。

③教师培训的质量保证。荷兰的教师培训体系具有严格的质量控制机制,以确保教师具备高水平的教学能力和专业素养。以下是荷兰教师培训质量保证的主要机制:

a. 质量监督机构:荷兰的教师培训由国家教育督导机构(Inspectie van het Onderwijs)监管,确保所有教育机构的培训课程达到国家标准。此外,师范教育课程还必须通过荷兰–佛兰德认证组织(Nederlands-Vlaamse Accreditatieorganisatie,NVAO)的认证。

b. 教师评估:教师在职业生涯中必须定期接受评估,包括教学质量、课堂管理和学生反馈等。学校管理层会根据评估结果为教师制定职业发展计划,帮助其提升教学水平。

④教师培训的区域差异与统一性。尽管荷兰的教师培训体系相对统一,但不同地区和学校根据其具体需求和资源会提供不同的培训机会和专业发展路径。特别是在多元文化社区或国际学校,教师培训会特别强调跨文化教育和多语言教学。

(8)比利时:比利时的教师培训体系由于其复杂的政治和语言结构,呈现出独特的多样性。比利时分为三个主要的语言社区——法语区、荷兰语区和德语区,每个语言社区都有独立的教育管理机构,因此,教师培训体系也有所不同。尽管存在这些差异,比利时的教师培训体系整体上仍然遵循欧洲教师教育的基本原则,强调理论与实践结合、持续职业发展以及教师的终身学习。比利时的教师培训体系分为两个主要阶段:初始教师教育和在职教师的继续专业发展。

第2章 教师培训的发展及全过程解析

①初始教师教育。比利时的教师教育根据教学级别分为不同的培训途径。以下是主要的初始教师培训途径：

第一，学前和小学教师的培训。学前和小学教师的培训通常由师范学院或高等教育机构（Hogeschool）提供。这些课程通常为期三年，最终获得学士学位。课程内容涵盖教育学、心理学、学科教学法和实际教学实践。

教育学和教学法：学前和小学教师需要广泛学习儿童发展、心理学、教学方法以及如何设计适合不同年龄段的教学活动。

多次教学实践：教师培训过程中，学员每年都有多次机会在真实的学校环境中实习，以培养实际教学能力。

第二，中学教师的培训。中学教师的培训需要获得与其所教授科目相关的硕士学位，然后再完成教育学硕士课程（Aggregaat van het Secundair Onderwijs，A.S.O）。这一课程通常为期一年，课程内容包括学科教学法、教育学理论以及课堂管理。

专业学科知识：中学教师的培训重点是加强所教授学科的专业知识。

教育学与实践结合：通过实际教学实习，未来的教师能够将所学的教学理论应用到实践中，掌握有效的教学技巧。

第三，特殊教育教师的培训。对于有意从事特殊教育的教师，比利时提供专门的培训课程。这些课程通常要求教师在获得普通教师资格后，进行额外的培训，学习如何应对特殊教育需求的学生，包括有学习障碍、情感障碍或其他特殊需求的学生。

②教师的继续专业发展。比利时的教师培训体系高度重视教师在职后的持续专业发展。教师必须定期参与继续教育和职业培训，以确保他们的教学技能与时俱进，并能应对不断变化的教育环境和学生需求。

第一，职业发展计划。学校和地方教育当局提供多种形式的职业发展机会，如研讨会、进修课程和培训项目。

新教学方法和技术：培训教师如何使用现代教育技术，如电子学习平台、互动白板等。

特殊教育需求：帮助教师更好地应对有特殊需求的学生，包括残障学生或多元文化背景学生。

教学法更新：教师定期学习最新的教学法、课堂管理技巧以及如何提升学生的学术表现。

第二，终身学习与自主培训。比利时教师被鼓励通过自主学习和参加国际交流项目来提升专业能力。通过欧盟的"Erasmus+"计划，教师可以前往其他欧洲国家进行学术交流，进一步提升教学经验和国际视野。

③不同语言社区的教师培训特点。由于比利时的多语言和多文化背景，各个语言社区在教师培训的具体实施上有一些不同。

第一，弗拉芒区（荷兰语区）。弗拉芒区的教师培训体系以其灵活性和实践导向著称。初始教师培训由高等教育机构提供，涵盖学前、小学和中学的教育。弗拉芒区特别重视教师的实践能力，因此在培训过程中有大量的实习机会。此外，弗拉芒区还积极推动教师的数字化技能培训，确保教师能够适应现代技术的教学需求。

第二，法语区。法语区的教师培训较为传统，学术性较强，初始教师教育集中在师范学院和大学中完成。法语区注重教师的学科专业知识和教育理论，因此中学教师必须完成硕士学位课程。此外，法语区也强调在职教师的职业发展，提供大量的继续教育机会。

第三，德语区。比利时的德语区较小，但其教师培训体系与其他语言社区基本一致。德语区的教师培训也强调实践性与理论结合，并通过与德国和其他欧洲国家的合作，提供国际化的职业发展机会。

④教师培训的质量控制。比利时的教师培训体系有着严格的质量控制机制，以确保所有未来教师都具备高水平的教学能力和专业素养。比利时的高等教育机构和教师培训项目必须通过国家或区域认证机构的审核。每个语言社区的教育部负责监督教师培训的质量，并为教师提供专业发展支持。

（9）瑞士：瑞士的教师培训体系具有其独特的联邦制特点，结合了联邦政府、各州和高等教育机构的合作管理。这一体系因其高度分权化和多语言、多文化背景而具有灵活性和适应性。瑞士的教师培训不仅注重教学理论与实践的结合，还特别强调教师的终身学习和职业发展。瑞士的教师培训体系分为两个主要阶段：初始教师教育和在职教师的继续专业发展。瑞士的初始教师教育由高等教育机构（主要是师范大学和教育学院）提供。未来的教师根据不同的教育阶段（学前、小学、中学）接受不同的培训途径。

①学前和小学教师的培训。学前和小学教师的培训通常需要完成本科或学士学位（3到4年），由教育学院或应用科学大学（Pädagogische Hochschule，PH）提供。培训内容包括教育学、心理学、学科教学法和实际教学实践。

教育学与心理学：学习儿童发展、教育心理学、教学方法和如何管理课堂。

教学实习：培训过程中有大量的实习机会，通常在各个学期安排，以帮助教师将理论应用到实际教学中。

跨学科学习：鼓励教师学科之间的融合教学，特别是语言与数学、科学等学科的结合。

②中学教师的培训。中学教师的培训通常需要完成与所教授学科相关的学士

和硕士学位，然后再修读为期一至两年的教育学硕士课程。该课程提供学科教学法和教育学的综合培训。培训内容包括学科教学理论、学生心理、课堂管理和教学实习。

学科专业培训：教师在所教授领域接受专门培训，如数学、物理、文学等学科。

教学法和教育学：教师需完成教学法和教育学课程，重点在于如何将复杂的学科内容转化为学生易于理解的知识。

③职业教育教师的培训。瑞士有着强大的职业教育体系，职业教育教师需要完成专业领域的学位后，再修读职业教育培训课程。培训重点是如何将实践技能与理论教学结合起来，确保学生能够掌握专业技术。

④特殊教育教师的培训。针对有特殊教育需求的学生，瑞士也提供专门的教师培训课程。未来的特殊教育教师需学习如何应对有学习障碍、行为问题或身体障碍的学生，提供个性化的教育服务。

⑤教师资格认证。完成初始教师教育后，未来教师必须通过州或地区的认证考试，方可获得相应的教师资格证书。资格认证通常包括教学实践评估、教育理论考试以及面试。

⑥职业发展计划。瑞士的教师通常根据各自州或学校的要求，参加由教育机构或培训中心提供的进修课程。

新教学方法：如如何在课堂上运用数字化工具、在线教学平台等。

教育政策的变化：培训教师了解教育系统中的新政策或教育理念。

特殊教育需求：应对多元文化背景、语言多样性和有特殊需求的学生。

心理健康和支持：如何支持学生的心理发展和健康。

⑦自主培训和学术交流。瑞士教师还被鼓励通过自主学习、学术交流和国际合作来丰富他们的教学经验和视野。例如，许多教师通过参与"Erasmus+"计划或其他国际教育项目，前往其他国家交流学习，提升国际化的教学能力。

⑧瑞士的语言与教师培训的多样性。瑞士是一个多语言国家，不同语言区的教师培训体系在课程设置、语言要求和教学实践上有所不同。

第一，德语区的教师培训。德语区是瑞士人口最多的地区，其教师培训体系较为严谨。教育学课程通常结合实际教学经验，使教师能够更好地应对课堂需求。德语区的学校注重学科教学与跨学科能力的培养。

第二，法语区的教师培训。法语区的教师培训体系注重理论学习与教学实践的结合，特别关注教育学、社会学、心理学等领域的研究。在法语区，教师培训也包括对学生的社会心理支持和教育政策的了解。

第三，意大利语区的教师培训。意大利语区的教师培训体系较小但灵活，特别关注课堂教学的创新。意大利语区的教师也参与跨国教育项目，进一步提升教育质量和教学方法。

第四，罗曼什语区的教师培训。罗曼什语区是瑞士人口最少的语言区，教师培训通常与德语区的培训紧密合作，同时注重保护和传承罗曼什语文化。

（10）日本：日本的教师培训注重教育的整体性和长期性。未来教师需要在大学修完教育学专业后参加教师职前培训，然后进入学校进行为期一年的实习。在实习期间，未来教师会与有经验的老师合作，逐渐适应教育环境。日本的教师培训还注重教育研究，鼓励教师不断反思和改进教学方法。日本教师培训现状具有以下特点：

①完善的教师培训体系。日本建立了完善的教师培训体系，包括岗前培训、入职培训、在职培训和高级培训等各个阶段，以满足教师不同阶段的发展需求。

②强调学科知识和教育教学技能。日本教师培训注重教师学科知识的丰富和教育教学技能的提升，培训课程涵盖教育心理学、教学方法、课程设计等多个方面。

③融合教育创新。日本教师培训关注教育创新，如信息技术、学生个性化教育等方面，培训课程旨在培养教师的教育教学创新能力。

④实践教学。日本教师培训注重实践教学，教师在培训过程中需要参与教学实践，以提高实际教育教学能力。

⑤合作与交流。日本教师培训鼓励教师之间的合作与交流，分享教育教学经验和心得，促进共同成长。

⑥严格的教师资格认证。日本实行严格的教师资格认证制度，教师需通过国家教师资格考试，才能获得教师资格证书。

⑦政府支持。日本政府高度重视教师培训，将教师培训经费列入政府预算，确保教师培训的顺利进行。

⑧持续的专业发展。日本教师需要不断进行专业发展，以更新知识和技能，适应教育改革和发展。

⑨关注教师心理健康。日本教师培训关注教师心理健康，为教师提供心理支持和辅导，以提高教师的教育教学效果。

⑩评估与反馈。日本教师在培训过程中，会对教师的教育教学能力进行评估，并给予及时的反馈，以调整培训内容和方式。

此外，日本教师培训还注重教师的职业发展。针对不同工作经验的教师，制定了不同的培训要求和课程，以满足他们不同的学习需求。经验丰富的教师可以参加中期培训或经验教师培训，以提升教学水平和拓宽教育视野。同时，有潜力的教师还可以晋升为学校领导或副校长，接受更高层次的培训。

(11)韩国:韩国的教师培训强调综合性和实践性。教师培训包括在校学习和校外实习,为期一年。培训内容包括教育学、学科知识、教学方法和教育法律等方面。韩国鼓励教师持续发展和研究,为此提供了多种培训机会,包括专业发展课程、研讨会和研究项目。韩国教师培训现状具有以下特点:

①完善的教师培训体系。韩国建立了完善的教师培训体系,包括岗前培训、入职培训、在职培训和高级培训等各个阶段,以满足教师不同阶段的发展需求。

②强调学科知识和教育教学技能。韩国教师培训注重教师学科知识的丰富和教育教学技能的提升,培训课程涵盖教育心理学、教学方法、课程设计等多个方面。

③融合教育创新。韩国教师培训关注教育创新,如信息技术、学生个性化教育等方面,培训课程旨在培养教师的教育教学创新能力。

④实践教学。韩国教师培训注重实践教学,教师在培训过程中需要参与教学实践,以提高实际教育教学能力。

⑤合作与交流。韩国教师培训鼓励教师之间的合作与交流,分享教育教学经验和心得,促进共同成长。

⑥严格的教师资格认证。韩国实行严格的教师资格认证制度,教师需通过国家教师资格考试,才能获得教师资格证书。

⑦政府支持。韩国政府高度重视教师培训,将教师培训经费列入政府预算,确保教师培训的顺利进行。

⑧持续的专业发展。韩国教师需要不断进行专业发展,以更新知识和技能,适应教育改革和发展。

⑨关注教师心理健康。韩国教师培训关注教师心理健康,为教师提供心理支持和辅导,以提高教师的教育教学效果。

⑩评估与反馈。韩国教师培训过程中,会对教师的教育教学能力进行评估,并给予及时的反馈,以便调整培训内容和方式。

韩国教师培训现状注重教师学科知识、教育教学技能、教育创新、实践教学等方面,旨在提高教师的教育教学能力。实践教学在韩国教师培训中占有重要地位。通过实践教学,教师可以将所学的理论知识应用于实际教学中,检验其效果并不断改进。这种实践导向的培训方式有助于教师更好地理解和把握教学过程中的问题,提高解决实际问题的能力。韩国的教师培训还注重教师的职业道德和素养的培养,强调教师作为学生榜样的重要性。此外,韩国的教师培训还非常注重教师的国际视野和跨文化交流能力的培养,以适应全球化教育的趋势。

总的来说,美国、英国、芬兰、法国、德国、意大利、荷兰、比利时、瑞士、日本和韩国等国家在教师培训方面都有一套独特的体系,强调不同的教育理

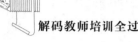

念和教师培训模式,但都致力于提升教师的专业素养和教学能力。

2. 国内教师培训发展

中国的教师培训经历了从起步阶段到现代多元化发展的过程,目前正处于关注质量提升、创新方法和个性化发展的阶段。

(1)关键阶段和特点

①新中国成立后到改革开放前(1949—1978年)。在新中国成立初期,由于社会制度转型和基础设施不足,教师培训主要依赖于师范院校。由于教育资源有限,培训水平相对较低。教师仅仅通过师范院校的基础培训便进入教育行业。

②改革开放初期(1978—1990年)。改革开放带来了教育体制的变革,教师培训也开始逐步改革。我国引入了国外的教育理念和教育技术,加强了对教师的培训,开始出现一些短期的培训项目和课程。

③20世纪90年代到21世纪初。这一时期,中国开始推动教育现代化,注重提升教师培训质量。教育部出台了一系列政策,推动教师培训体系的建设,建立了各级教育行政部门和师范院校联动的培训模式。同时,我国引入了一些国际的教育理念,鼓励教师开展国际交流和合作。现阶段的教师培训特点有:

a. 专业化和个性化。近年来,中国教师培训逐渐从单一的课程培训向更加专业化和个性化的方向发展。教师可以根据自己的兴趣和需求选择不同类型的培训课程,提升自身的专业素养。

b. 终身学习和发展。终身学习理念在中国的教师培训中越来越受重视。教师被鼓励终身学习,不断提升自己的专业水平。各级政府和教育部门都在积极推动教师的终身学习机制,为教师提供更多的培训机会和资源。

(2)发展现状和趋势

①继续专业化和多样化。中国教师培训正继续朝着更加专业化和多样化的方向发展。教师培训课程逐渐涵盖更广泛的主题,包括教育技术、课程设计、教育心理学等,以满足不同教师的专业需求。

②在线教育的崛起。随着互联网和信息技术的发展,在线教育在教师培训中的作用不断增强。越来越多的教师通过在线平台参与培训课程,这使得培训资源所包含的内容更加广泛,资源的获得更加便捷。

③强调实践教学。现代教师培训强调将理论知识与实际教学相结合,注重教师的实践能力培养。一些培训课程会提供实际教学案例和实践操作,以帮助教师更好地将所学应用到教学中。

④专业发展体系建设。中国教育部和地方教育部门正逐步建设更完善的教师专业发展体系。这包括制订培训计划、规划教师职业发展路径,以及评估教师培训效果等。

⑤国际交流与合作。中国教师培训逐渐注重国际交流与合作，借鉴国外的教育理念和实践经验。一些教师会参与国际性的培训项目、研讨会和交流活动，以丰富自己的教育视野。

⑥终身学习的理念普及。终身学习理念在中国的教师培训中逐渐普及。教师被鼓励在职业生涯的各个阶段都保持学习状态，不断提升自己的教育素养和专业技能。

（3）存在的主要问题

①培训质量不一。教师培训市场存在着质量参差不齐的问题。一些培训机构可能缺乏专业性和资质，导致培训质量无法保障。教师们在选择培训课程时需要仔细辨别。

②标准不统一。教师培训的标准和课程设置在不同地区和机构之间可能存在差异，缺乏统一的标准和指导。这可能导致培训内容不一致，难以保证教师获得对等的专业培训。

③培训内容与实际教学脱节。一些教师培训课程的内容可能与实际教学情况不够贴近，导致教师难以将所学知识和技能应用到实际教育中。

④过于理论化。一些培训课程可能过于理论化，缺乏实际操作和案例分析。这使得教师难以将理论知识转化为实际教学策略。

⑤缺乏个性化培训。教师的需求因人而异，但现有培训往往缺乏个性化定制，不能满足不同教师的特定需求。

⑥师资力量不足。一些培训机构可能存在师资力量不足的问题，导致培训师资水平不高，无法提供高质量的培训服务。

⑦培训资源不均衡。教师培训资源在不同地区和学校之间分布不均，一些偏远地区的教师可能难以获得高质量的培训机会。

⑧培训成本较高。一些高质量的教师培训可能成本较高，这对于一些教师来说可能是一个挑战，尤其是在薪资相对较低的地区。

⑨缺乏有效的培训评估。教师培训的效果评估机制不够完善，难以准确评估培训对教师教学能力的提升是否达到预期效果。

（四）国内教师培训政策解读

近年来，国内出台了一系列与教师培训相关的政策，如《中长期教育改革和发展规划纲要（2010—2020年）》，纲要强调培养德才兼备、具有创新精神和实践能力的教师队伍，提出了加强教师培训和发展的目标和举措。《教师教育改革和发展规划（2015—2020年）》，规划提出了教师培养、职业发展和评价体系建设的各项任务，强调提升教师专业素养和实践能力。《中国教育现代化2035》，规划强调加强教师培训和发展，提高教师的教育科研能力、实践能力和创新能力，促进教育现代化。《全面深化新时代中小学教师队伍建设改革的意见》，该意见提出了加强中小学教师培训和发展的措施，包括推动教师专业发展、加强教师职业培训、建立教师职业发展支持体系等。《教育部关于进一步加强和改进师德建设的意见》，意见强调教师职业道德建设的重要性，提出加强师德师风教育和培训，促进教师道德水平的提升。《中华人民共和国教师法》，该法规定了教师培训的目标、内容、组织和管理等方面的规定，强调政府对教师培训的支持和促进。《中共中央国务院关于进一步全面深化改革、推进中国式现代化的决定》，决定提出要加强教师培训，推动教师发展成为既具有专业素养又具有教育情怀的人才。这些政策的出台体现了国家对教师培训的高度重视，旨在不断提升教师的专业素养、实践能力和教学水平，以适应不断变化的教育环境。

其中，《中国教育现代化2035》中关于教师培训的核心内容强调了教师培训的重要性，以及提升教师素质、创新能力和职业发展的措施。以下是与教师培训相关的一些核心内容。

1. 提高教师素质

文件明确指出要加强教师培训，提高教师的专业素质。这一举措的实施，旨在帮助教师不断更新教育观念，掌握新的教学方法，从而更好地应对不断变化的教育需求。通过培训，教师可以获得最新的教育理论和教学方法，拓宽教育视野，提高教育水平，为培养新时代的优秀人才奠定坚实的基础。通过培训，教师可以获取更新的教育理论和教学方法，从而更好地应对不断变化的教育需求。当然，加强教师培训并不是一蹴而就的事情，需要教育部门、学校以及教师自身的共同努力。教育部门应加大对教师培训的投入力度，制订科学的培训计划和方案；学校应积极组织各种形式的培训活动，为教师提供更多的学习机会；教师自身应保持学习的热情和动力，不断提高自己的专业素质和教学能力。

2. 促进教师创新能力

文件强调教师培训应当注重培养教师的创新能力。鼓励教师在培训过程中学习教育创新的思维和方法，推动教学方法和内容的创新。这一指导思想的提出，不仅是对教师素质提升的新要求，更是对教育事业创新发展的有力推动。教师是教育创新的主体，他们的创新意识和能力直接影响着教育创新的发展进程。通过培训，教师可以接触到更多的教育创新理念和实践案例，了解最新的教育研究成果和发展趋势。这些知识和信息的获取，将有助于教师拓宽教育视野，增强创新意识，为教育创新提供更多的思路和方案。在注重培养教师创新能力的同时，培训组织者还应关注教师培训的全面性和系统性。创新能力只是教师素质的一部分，培训组织者还需关注教师的学科知识、教育教学技能、职业道德等方面的培养。只有全面提升教师的综合素质，才能更好地推动教育事业的发展。

3. 支持教师职业发展

文件提出要建立健全教师职业发展支持体系，为教师提供更多的专业发展机会。通过培训、研修和晋升机制等，鼓励教师不断提升自身水平。一个完善的职业发展支持体系，能够为教师提供持续的学习和发展机会，帮助他们不断提高教育教学水平，更好地应对教育变革。通过定期的培训活动，教师可以接触到最新的教育理念和教学方法，了解教育领域的最新动态和趋势。同时，培训还可以帮助教师解决教育教学中的实际问题，提升他们的教学能力和专业素养。因此，教育部门应加大对教师培训的投入力度，制订科学的培训计划，确保每位教师都能获得必要的培训机会。在建立健全教师职业发展支持体系的过程中，培训组织者还应注重发挥教师的主体作用。教师是职业发展的主体，他们的积极性和参与度直接影响到职业发展的效果。因此，培训组织者应尊重教师的个人意愿和发展需求，鼓励他们主动参与各种职业发展活动，实现自我提升和成长。

4. 提升教师研究能力

文件强调教师培训应当注重提升教师的教育科研能力。教师在培训中应当学习如何进行教育研究，从而更好地指导教学实践。在培训过程中，培训组织者可以结合具体的案例和实践，引导教师学习如何进行教育研究。例如，可以组织教师参与课题研究、教学反思和行动研究等活动，让教师在实践中掌握教育科研的方法和技巧。同时，也可以邀请教育领域的专家学者进行讲座和指导，为教师提供专业的指导和建议。

5. 支持专业发展课程

文件提出要开设更多的专业发展课程，为教师提供多样化的培训选择。这些课程应当涵盖教育领域的最新发展，帮助教师跟上教育现代化的步伐。专业发展课程的开设，是教育领域对教师成长需求的积极回应。随着教育技术的不断创新和教学方法的持续革新，教师需要不断更新自己的知识和技能，以适应新的教育环境。专业发展课程的出现，正是为了满足这一需求，为教师提供一个系统、全面的学习平台。不同教师有着不同的成长背景和职业发展规划，因此需要提供多样化的培训选择。例如，对于新手教师，可以开设基础教育教学技能课程；对于经验丰富的教师，可以提供更高层次的教育科研和领导力培养课程。这样，每位教师都能根据自己的实际情况和发展需求，选择适合自己的课程进行学习。此外，专业发展课程还应注重实践性和互动性。通过案例分析、小组讨论、实践操作等方式，让教师在学习中获得真实的体验和感悟。同时，也可以邀请教育领域的专家学者和优秀教师进行授课和指导，为教师提供与同行交流学习的机会。专业发展课程的开设，对推动教师队伍建设、提升教育质量具有重要意义。通过系统的学习和培训，教师可以不断提升自己的专业素养和教育教学能力，为培养新时代的优秀人才贡献智慧和力量。

6. 教师培训机构建设

文件强调要加强教师培训机构的建设，提升这些机构的培训能力和专业性。培训机构应当根据教师的实际需求，设计并提供有针对性的培训内容。加强教师培训机构建设，首先要完善机构内部的管理和运行机制。建立健全培训需求分析、课程设计、教学实施、效果评估等一整套科学的培训体系，确保培训工作的系统性和有效性。同时，加强培训师资的选拔和培养，建立一支高素质、专业化的培训师资队伍，为教师的专业发展提供有力的师资保障。提升教师培训机构的专业性，关键在于紧密结合教师的实际需求，设计并提供有针对性的培训内容。培训机构应深入了解教师的教育教学实践，准确把握教师的成长需求和发展方向，以此为基础设计培训课程。同时，注重培训内容的更新和升级，及时引入新的教育理念、教学方法和技术手段，使培训内容始终保持前瞻性和实用性。此外，教师培训机构还应加强与学校、教育行政部门的沟通与合作，形成合力，共同推动教师的专业发展。通过组织教师参加学术交流、教育研讨等活动，拓宽教师的视野，激发教师的创新精神，提升教师的专业素养和教育教学能力，这也是整体性的表现。

教师培训在《中国教育现代化2035》中被视为推动教育现代化的重要举措之一，强调提高教师素质、创新能力和职业发展，以进一步提升教育水平和质量。

综上所述，教师培训作为教育体系中不可或缺的一部分，从起源到现在经历了多次演变与创新。国内外教师培训的发展趋势呈现出多元化、关注教育创新、国际合作以及个性化发展等特点。我国在教师培训方面也制定了一系列政策，致力于提升教师的专业素养和教学水平，以适应不断变化的教育环境。教师培训不仅关乎教师个体的成长，更关系到整个教育体系的质量和发展，因此，应持续加强研究和实践，不断完善教师培训体系，为教育事业的繁荣做出贡献。

二、教师培训全过程

（一）教师培训的训前准备

教师培训的训前准备是确保培训顺利进行和取得良好效果的重要环节。教师培训训前准备的一些关键要点如下：

1. 明确培训目标

在教师培训训前准备中，明确培训目标是非常重要的一步。在开始任何培训活动之前，都需要明确培训的目标和预期效果。这有助于确定培训内容和方法，确保培训与预期目标一致。

以下十种方法可以帮助培训组织者明确培训目标：

（1）分析培训需求。通过调查、访谈、问卷等方式了解教师在教育教学工作中遇到的困难和问题，从而确定培训的必要性及培训内容。

（2）制订培训计划。根据教师的需求，制订详细的培训计划，明确培训时间、地点、培训师资、培训方式等。

（3）确定培训目标。结合教育部门的相关政策、教育改革趋势以及教师的专业发展需求，明确培训的整体目标。

（4）分解培训目标。将整体目标分解为具体的、可衡量的、操作性强的阶段性目标，以确保培训过程的有序性和针对性。

（5）制定培训大纲。根据培训目标和阶段性目标，制定详细的培训大纲，明确培训课程的内容、教学方法、教学资源等。

（6）选择合适的培训方法。根据培训内容和教师特点，选择合适的培训方法，如面对面授课、在线学习、实践教学等。

（7）设计评估机制。制定培训效果评估标准，以便对教师的培训成果进行量化评估。

（8）反馈与调整。在培训过程中收集教师的反馈意见，根据实际情况对培训计划、目标和方法进行调整，以确保培训效果。

（9）加强与培训相关的资源建设。为教师提供丰富的培训资源，如教材、课件、网络资源等，以便教师在培训过程中能够更好地掌握相关知识。

（10）关注教师心理健康。在培训过程中关注教师的心理健康，为教师提供心理支持和辅导，有助于提高培训效果。

通过以上方法，在教师培训训前准备中明确培训目标，有助于提高培训的针对性和实效性，使教师在培训过程中更好地提升自身的教育教学能力。

2．了解受训人群

在设计培训内容和方法时，了解受训教师的背景、教学需求和兴趣是非常重要的环节。需根据受训人群的特点调整培训的内容和形式。

以下十种方法可以帮助培训组织者更好地了解受训人群：

（1）发放问卷。通过设计针对性强的问卷，收集受训教师的基本信息、教育教学背景、培训需求等数据，为制订培训计划提供依据。

（2）访谈和座谈会。与受训教师进行个别访谈或组织座谈会，了解他们在教育教学工作中遇到的困难和问题，以及他们对培训的期望。

（3）分析教学大纲和课程设置。研究受训教师所任教的学科、年级和教学大纲，以便了解他们的专业知识和教学需求。

（4）查阅受训教师的教学评价和学生反馈。通过分析受训教师的教学评价和学生反馈，了解他们在教育教学中的优势和不足。

（5）咨询同行和专家意见。征求受训教师所在学校或其他同行的意见，了解受训教师在教育教学领域的地位和培训需求。

（6）分析教育部门和学校的要求。研究教育部门和学校对教师培训的政策要求，以确保培训内容符合政策导向。

（7）关注受训教师的职业发展。了解受训教师的职业规划和发展目标，以便为他们提供有针对性的培训内容。

（8）搭建交流平台。创建受训教师之间的交流平台，如微信群、QQ群等，方便受训教师分享经验、交流心得。

（9）收集并分析受训教师过去的培训资料。整理受训教师过去参加过的培训资料，了解他们的培训经历和效果。

（10）动态关注受训教师的需求。在培训过程中，密切关注受训教师的需求变化，根据实际情况调整培训内容和方式。

通过以上方法，在教师培训训前准备中了解受训人群，有助于制订更符合实际需求的培训计划，提高培训的针对性和实效性。

3. 制订培训计划

在教师培训训前准备中，制订培训计划是非常关键的一步。培训计划应包括培训的时间、地点、内容、形式、教材等细节。计划能够帮助组织者合理安排培训，确保培训进程有序。

以下是一些建议，可以帮助培训组织者更好地制订培训计划：

（1）明确培训目标。在制订培训计划之前，首先要明确培训目标，包括整体目标和阶段性目标。整体目标应遵循教育部门的政策导向，阶段性目标应注重解决受训教师在教育教学中遇到的实际问题。

（2）分析培训需求。通过问卷调查、访谈、座谈会等方式，了解受训教师的需求，包括教育教学技能、专业知识、教育理念等方面。

（3）设计培训内容。根据培训目标和需求分析，设计具体的培训内容。培训内容应涵盖教育教学理论、实践技能、教育心理、课程与教材研究等方面。

（4）制定培训大纲。根据培训内容，制定详细的培训大纲，明确培训课程的授课顺序、课时分配、教学方法等。

（5）选择培训方式。根据受训教师的特点和培训内容，选择合适的培训方式，如面对面授课、在线学习、实践教学等。

（6）安排培训时间和地点。根据受训教师的工作安排，合理规划培训时间和地点,确保培训顺利进行。

(7)确定培训师资。挑选具备丰富教学经验和专业知识的培训师,以保证培训质量。

(8)制定评估机制。设计培训效果评估标准,对受训教师的培训成果进行量化评估。

(9)搭建交流平台。创建受训教师之间的交流渠道,如微信群、QQ群等,以便教师在培训过程中分享经验、交流心得。

(10)落实培训资源。为受训教师提供必要的培训资源,如教材、课件、网络资源等。

(11)反馈与调整。在培训过程中,收集受训教师的反馈意见,根据实际情况对培训计划进行调整,以确保培训效果。

通过以上建议,在教师培训训前准备中制订培训计划,有助于提高培训的针对性和实效性,使受训教师在培训过程中能够提升自身的教育教学能力。

4. 选择培训师资

选择教师培训师资是确保培训质量的关键环节。培训的师资是培训效果的重要因素。选择具有丰富经验和专业知识的培训师资,能够为教师提供实用的教学方法和指导。

以下十点建议可以帮助培训组织者更好地选择教师培训师资:

(1)了解师资背景。对拟邀请的培训师进行背景调查,了解他们的教育背景、专业、工作经验和培训经验等。选择具备相关专业背景和丰富教育教学经验的培训师。

(2)关注专业认证。了解培训师是否具备相关领域的专业认证,如教育类、心理类或学科类认证。专业认证有助于确保培训师具备一定的专业素质。

(3)查阅口碑和评价。收集过往学员对培训师的评价和口碑,了解他们在培训过程中的教学效果和学员满意度。

(4)试听课程。安排试听培训师的课程,考察他们的教学风格、知识传授能力、互动性和学员反馈等。

(5)询问教学方法和策略。了解培训师的教学方法和策略,如讲授、讨论、案例分析、实践操作等。选择符合受训教师需求和特点的教学方法和策略。

(6)了解培训师的灵活性。询问培训师在教学过程中是否愿意根据学员需求和反馈进行调整,是否具备一定的灵活性。

(7)沟通与合作。与培训师进行沟通,了解他们在培训项目中的合作态度和配合度。选择愿意与团队共同合作、积极参与培训项目的培训师。

(8)关注培训师的发展动态。了解培训师在相关领域的最新动态和研究成果,选择具备一定学术实力的培训师。

(9)评估培训师的培训效果。了解培训师过往的培训项目中,学员的学习成果和应用情况,以评估他们的培训效果。

(10)参考推荐信。获取培训师过往学员或合作方的推荐信,了解他们在培训过程中的表现和成果。

综合以上因素,在充分了解和评估的基础上,选择具备专业素质、教学能力、经验和口碑的教师培训师资。这将有助于提高培训质量,确保受训教师在培训过程中能够获得有效的提升。

5. 准备培训材料

根据培训内容,准备所需的培训材料,如幻灯片、教材、手册等。材料应当清晰、简洁,便于教师理解和参与。

为了更好地准备教师培训材料,以下八点建议供参考:

(1)选择合适的培训方式。根据受训教师的特点和培训内容,选择合适的培训方式,如面对面授课、在线学习、实践教学等。

(2)制作课件。根据培训内容和教学方式,制作精美的课件,包括教案、演示文稿、视频等多媒体素材。确保课件内容丰富、条理清晰、易于理解。

(3)准备教材和辅助资料。整理与培训内容相关的教材和辅助资料,如教育名著、政策文件、案例分析等。提供丰富的学习资源,帮助受训教师巩固知识、拓展视野。

(4)设计实践环节。根据培训内容,设计具有针对性的实践环节,让受训教师在实际操作中检验和巩固所学知识。

(5)编写培训教材。结合培训内容和教学方法,编写适合受训教师的培训教材,确保教材内容实用、易懂。

(6)制作培训手册。编写培训手册,包含培训日程、授课教师简介、培训要求等信息,方便受训教师了解培训安排和课程内容。

(7)评估与反馈。培训过程中,及时收集受训教师的反馈意见,根据实际情况调整培训材料。培训结束后,进行满意度调查,了解培训效果,为下一次培训提供借鉴。

(8)整理培训资源。培训结束后,整理培训资源,包括课件、教材、实践成果等,便于受训教师回顾学习和分享。

6. 沟通与宣传

在培训前,进行与受训教师的沟通,说明培训的目的、内容、形式和时间,以便教师做好准备。同时进行宣传,激发教师的兴趣。

以下是一些建议,帮助培训组织者做好提前沟通与宣传:

（1）制定沟通与宣传方案。明确沟通与宣传的目标、对象、内容、渠道等信息，确保宣传工作的有序进行。

（2）确定通知方式。根据受训教师的实际情况，选择合适的通知方式，如电话、短信、电子邮件、微信、公告等。确保通知的及时性和准确性。

（3）提前规划时间。根据培训进度，提前规划通知时间，确保受训教师有足够的时间做好训前准备。

（4）设计宣传材料。设计吸引人的宣传材料，包括培训海报、宣传册、培训简介等。突出培训主题、亮点和价值，提高教师的参与兴趣。

（5）利用内部资源。利用学校或教育部门的内部资源，如网站、微信公众号、教职工群等，进行宣传推广。

（6）拓展外部渠道。通过社交媒体、教育行业论坛、专业博客等外部渠道，发布培训信息，扩大宣传范围。

（7）合作与互动。与相关教育机构、专业团体、学术会议等合作，共同推广教师培训项目，提高知名度。

（8）邀请嘉宾讲座。邀请知名教育专家、学者或优秀教育工作者进行讲座，分享教育教学经验，提升培训的吸引力。

（9）答疑解惑。设立答疑解惑渠道，如热线电话、在线问答等，解答教师关于培训的疑问，消除他们的顾虑。

（10）跟进宣传。在培训过程中，持续跟进宣传，报道培训动态、学员心得、优秀案例等，保持宣传热度。

（11）训后反馈与跟进。培训结束后，收集受训教师的反馈意见，对宣传和沟通工作进行总结与改进。同时，关注受训教师的训后应用和实践成果，为下一期培训提供借鉴。

通过以上建议，提前沟通与宣传教师培训项目，有助于提高教师的参与度、培训的知名度和实际效果。为教师培训的顺利进行奠定良好基础。

7. 准备培训场地和设备

在教师培训中，准备培训场地和设备是确保培训顺利进行的重要环节。确保培训场地符合要求，有足够的座位、音响设备等。检查所需的技术设备是否正常运作，以避免培训过程中出现问题。

以下是一些建议，帮助培训组织者做好培训场地和设备的准备工作：

（1）确定场地规模。根据培训人数、课程内容和活动安排，选择合适规模的场地。场地不宜过大或过小，以免影响培训效果。

（2）选址合理性。选择交通便利、地理位置优越的场地，便于受训教师前往参加培训。

（3）场地设施。确保场地具备基本设施，如教室、休息区、卫生间等。根据培训需要，提供适量的多媒体设备、白板、投影仪等教学辅助工具。

（4）环境舒适度。注重场地环境的整洁、舒适度，提供舒适的座椅、适宜的温度和光线等，为教师创造良好的学习氛围。

（5）网络接入。确保场地具备稳定的网络接入，便于在线学习、资料查询和信息交流。

（6）停车设施。根据受训教师的需求，提供充足的停车位或停车设施，方便教师前往培训场地。

（7）安全保障。加强场地的安全管理，确保消防设施齐全、应急预案完善，预防突发情况的发生。

（8）提前检查设备。在培训开始前，对音响、投影等设备进行检查和测试，确保设备正常运行。

（9）备用设备。准备一定的备用设备，如投影仪、音响等，以防突发情况导致设备故障。

（10）设备摆放。合理摆放设备，确保教师能够轻松使用，同时避免影响课堂秩序和教学效果。

（11）培训期间维修保障。培训期间，安排专人负责设备的维护和维修，确保培训顺利进行。

（12）培训结束后整理。培训结束后，及时整理场地和设备，便于下一次培训的顺利进行。

通过以上建议，充分准备教师培训场地和设备，有助于提高培训的顺利进行，确保受训教师获得良好的培训体验，为提升教师的教育教学能力奠定基础。

8. 制订互动和活动计划

教师培训应当具有互动和参与性，设计互动活动和小组讨论等形式，让教师积极参与，互相交流经验。

以下是一些建议，帮助我们更好地制订互动和活动计划：

（1）明确互动和活动目标。根据培训主题和目标，明确互动和活动的总体目标。确保互动和活动与培训内容紧密结合，有助于培训目标的实现。

（2）分析受训教师特点。了解受训教师的年龄、学历、教龄、学科背景等信息，以便制订符合他们需求的互动和活动计划。

（3）设计多样化互动形式。根据培训内容和受训教师特点，设计丰富多样的互动形式，如小组讨论、案例分析、角色扮演、实地考察等。

（4）确保互动环节的有效性。在互动环节设计中，注重引导受训教师积极参与，确保互动的真实性和有效性。

（5）制定活动时间表。根据培训日程，合理安排互动和活动时间，确保培训进程的紧凑和连贯。

（6）提前准备活动材料。为确保活动的顺利进行，提前准备相关材料，如活动指南、案例材料、道具等。

（7）培训师引导。在互动和活动中，安排专业的培训师进行引导和点评，提高活动的质量。

（8）鼓励分享和交流。鼓励受训教师在互动和活动中分享自己的经验和心得，促进教师之间的交流和合作。

（9）监测和评估互动效果。通过观察、问卷调查等方式，监测和评估互动和活动的效果，为下一期培训提供参考。

（10）收集反馈意见。在培训结束后，收集受训教师的反馈意见，对互动和活动计划进行总结和改进。

（11）融合现代技术手段。利用多媒体、网络等现代技术手段，丰富互动和活动的形式和内容，提高培训的吸引力。

（12）创新活动设计。在制订互动和活动计划时，注重创新活动设计，突破传统培训模式，提高受训教师的参与兴趣。

通过以上建议，更好地制订教师培训训前的互动和活动计划，有助于提高培训的实效性和受欢迎程度。为受训教师创造一个积极参与、互动丰富的学习环境。

9. 准备反馈和评估方式

在教师培训训前准备中，更好地准备反馈和评估方式有助于了解培训效果，为下一期培训提供参考。

以下是一些建议，帮助培训组织者更好地准备反馈和评估方式：

（1）制定评估目标。明确培训反馈和评估的目标，确保评估内容与培训目标紧密相关。

（2）选择多样化的评估方法。根据培训内容和评估目标，选择多种评估方法，如问卷调查、访谈、观察、教学实践等。

（3）设计评估问卷。问卷应包括培训内容、教学方法、培训效果等方面，确保全面了解受训教师的反馈。

（4）制定评估时间表。合理安排评估时间，确保在培训结束后及时收集反馈信息。

（5）建立评估团队。组建专业的评估团队，负责培训反馈和评估工作的组织实施。

（6）培训师参与评估。培训师作为评估主体之一，参与培训反馈和评估，以便更准确地了解培训效果。

（7）受训教师自评。鼓励受训教师自我评价，了解自身在培训过程中的收获和不足。

（8）教学实践评估。观察受训教师在培训后的教学实践，了解培训对实际教学的影响。

（9）搭建线上评估平台。利用网络平台，实现实时反馈和评估，提高评估效率。

（10）分析评估结果。对收集到的反馈信息进行统计和分析，找出培训的优点和不足。

（11）制定改进措施。根据评估结果，制定相应的改进措施，为下一期培训提供参考。

（12）反馈与总结会议。组织评估会议，就评估结果进行讨论和总结，不断提升培训质量。

通过以上建议，更好地准备反馈和评估方式，有助于了解教师培训的效果，为培训工作的持续改进提供依据。从而提升教师的教学能力和培训质量。

10. 解决可能的问题

预见培训可能出现的问题，制定相应的解决方案。可包括技术故障、时间安排冲突等。

（二）教师培训的训中开展

教师培训的训中阶段是培训活动的核心部分，包括培训内容的传达、互动交流、实践活动等。教师培训训中阶段的一些关键步骤如下。

1. 引入和导入

在教师培训过程中，引入和导入是两个非常重要的环节，它们旨在激发受训教师的兴趣，让他们明确培训的重要性和预期收益，帮助教师更好地掌握新的教育理念、教学方法和课程内容。

引入环节是在教师培训课程的开始阶段，通过一定的方式和方法，引导教师从原有的教育教学观念和实践中走出来，激发他们对新知识、新技能的兴趣和渴望。这一环节的主要目的是激发教师的积极参与，让他们做好准备接受新的知识和信息。

引入环节的活动可以包括以下几种：

（1）破冰活动。通过组织一些简单的游戏或互动环节，让教师放松心情，增进彼此的了解，为后续的课程学习创造一个良好的氛围。

（2）课程简介。简要介绍课程的主题、目标、内容和教学方法，让教师对培训课程有一个整体的认识。

（3）学员需求分析。通过问卷调查、小组讨论等方式，了解学员的需求和期望，以便在培训过程中更好地满足他们的需求。

导入环节是在引入环节之后，正式开始培训内容的过程。这一环节的主要目的是帮助教师掌握新的教育理念、教学方法和课程内容，以便在实际教育教学中应用。

导入环节的活动可以包括以下几种：

（1）讲解。培训师通过讲解新的教育理念、教学方法和课程内容，让教师了解其重要性及实际应用价值。

（2）示范。培训师或助教通过实际操作，展示新的教学方法和课程内容的应用，让教师有一个直观的认识。

（3）案例分析。分析典型的教育教学案例，让教师了解在新的教育理念和教学方法指导下，如何解决实际教学问题。

（4）小组讨论。教师分成小组，针对讲解和案例分析的内容进行讨论，分享自己的看法和心得体会。

（5）实践操作。让教师在实际操作中应用新的教育理念、教学方法和课程内容，提高他们的实践能力。

通过引入和导入环节的培训，教师能够更好地掌握新的教育理念、教学方法和课程内容，为我国教育事业的发展贡献力量。同时，培训组织者应关注培训过程中教师的需求和反馈，不断调整和优化培训内容和方法，提高培训效果。

2. 内容传达

在教师培训过程中，内容传达是一个至关重要的环节，它直接关系到培训效果的好坏。根据培训计划，逐步传达培训的核心内容。使用清晰的语言、实例和图表等，帮助教师理解并吸收所学知识。内容传达主要包括以下五个方面：

（1）培训内容的筛选与整合。培训师需要根据培训目标、学员需求和教育教学实际，对培训内容进行筛选和整合。确保培训内容的前沿性、实用性和针对性，为教师提供有益的教育教学知识和技能。

（2）培训内容的呈现方式。为了使培训内容更容易被教师理解和接受，培训师需要采用多样化的呈现方式。

（3）讲授。培训师通过口头讲解，系统地阐述培训内容，让教师对新的知识体系和方法有一个清晰的认识。

（4）演示。通过实物、多媒体等手段展示培训内容，让教师直观地感受和理解培训内容。

（5）案例分析。通过分析具体的教育教学案例，让教师了解新的教育理念和教学方法在实际中的应用。

3. 互动交流

培训过程中应鼓励教师进行互动交流，可以通过小组讨论、案例分析、角色扮演等方式，促进教师之间的互动和经验分享。在教师培训中的互动交流过程中，可以从以下两方面增进交流。

（1）提前了解学员需求。在培训开始前，组织者可以通过问卷调查、座谈会等方式了解学员的需求和期望，以便在培训过程中更好地满足学员的需求。这有助于提高学员的参与度和积极性。

（2）设计多样化的话题和活动。互动交流环节的话题和活动应具有多样性和包容性，以便吸引不同特点和背景的学员参与。可以包括以下三种形式：

①小组讨论。学员分成小组，针对培训师提出的问题或案例进行讨论，分享自己的观点和经验。

②案例分析。分析典型的教育教学案例，让学员了解在新的教育理念和教学方法指导下，如何解决实际教学问题。

③经验分享。邀请有经验的学员分享自己的教学心得和实践成果，激发其他学员的学习兴趣。

4. 营造良好的互动氛围

为了让学员敢于发言、积极参与互动交流，需要营造一个轻松、友好、尊重的氛围。措施包括：

（1）鼓励学员发言。对学员的发言给予积极评价，及时表扬和鼓励。

（2）尊重不同观点。尊重学员的意见，鼓励多元化思考，避免一言堂。

（3）平等交流。培训师与学员保持平等地位，共同探讨教育教学问题。

5. 提问和回答

在教师培训过程中，鼓励受训教师们提问和回答问题有助于激发他们的学习兴趣，提高培训效果。以下六个方面可以帮助培训组织者更好地实现这一目标：

（1）创设轻松愉悦的学习氛围。为了让学生敢于提问和回答问题，培训师应营造一个轻松、愉悦的学习氛围。培训师要以亲切友善的态度对待学员，让他们感受到关爱和支持。

（2）鼓励学员提问和分享。在培训过程中，鼓励学员积极提问和分享自己的观点。培训师可以采用以下方式：

①提出启发性问题。引导学员思考教育教学中的实际问题，激发他们的学习兴趣。

②鼓励学员发言。鼓励学员在讨论环节分享自己的看法和经验，促进互动交流。

（3）采用互动式教学方法。互动式教学方法有助于激发学员的参与热情，让他们更积极地提问和回答问题。可以采用以下互动式教学方法：

①小组讨论。将学员分成小组，针对特定主题进行讨论，鼓励学员提问和分享。

②角色扮演。让学员扮演案例中的角色，模拟实际教学场景，提高教学技巧。

（4）有效回应学员提问。对于学员的提问，培训师应给予及时、准确的回应。培训师要做好以下两点：

①认真听取学员提问。认真对待每位学员的提问，让他们感受到自己的问题得到重视。

②解答疑问。针对学员的提问，给出详细、准确的解答，帮助他们理解教育培训理论。

（5）建立线上交流平台。方便学员在培训结束后继续提问和交流。可以通过以下方式实现：

①微信、QQ等社交软件。方便学员在培训结束后继续提问和交流。

②论坛或讨论区。设立针对培训主题的论坛或讨论区，让学员可以随时提问和分享。

（6）关注学员反馈。在培训过程中，关注学员的反馈，了解他们在学习和提问过程中的需求和困惑。可以根据学员的反馈调整培训内容和教学方式，让他们更好地参与培训。

在教师培训过程中通过以上措施鼓励教师们提问和回答问题，有助于提高学员的参与度和学习效果，进一步提升教师的教育教学能力。

6．实践活动

让教师通过实际操作来应用所学知识。可以是教学设计、课堂模拟、小组活动等，帮助教师将理论转化为实际操作技能。

以下六个方面可以帮助教师更好地开展实践活动：

（1）紧密结合培训主题和学员需求。实践活动应紧密结合培训主题和学员需求，确保活动的针对性和实用性。在活动设计时，充分考虑学员的实际情况，设定符合他们教育教学背景和兴趣的活动内容。

（2）设计多样化的实践活动形式。实践活动形式应多样化，以满足不同学员的兴趣和需求。可以尝试以下三种形式。

①实地考察。组织学员参观优秀学校、教育机构，了解先进的教育理念和教学方法。

②模拟教学。让学员模拟实际教学场景，进行教学演示和互动，提高教学

技巧。

③教学设计。让学员针对特定主题进行教学设计，锻炼教育教学创新能力。

（3）引入实际教学案例。实践活动应引入实际教学案例，让学员在实践中学习如何解决问题。通过分析典型案例，学员可以更好地了解新的教育理念和教学方法在实际中的应用。

（4）强化团队合作与交流。实践活动应鼓励学员之间进行团队合作与交流，以便共享经验和资源。可以采取以下措施：

①分组进行活动。将学员分成小组，合作完成实践活动任务。

②设置团队讨论环节。在实践活动过程中，安排团队讨论时间，让学员分享自己的看法和心得。

（5）提供专业指导和反馈。在实践活动过程中，为学员提供专业的指导和反馈至关重要。措施包括：

①配备专业导师。为学员提供专业的指导和建议，帮助他们解决实际教学问题。

②设置反馈机制。鼓励学员在实践活动结束后，对自己的表现进行总结和反思，不断提高自己的教育教学能力。

（6）关注实践活动成果的转化与应用。培训结束后，组织者应关注学员在实际工作中对实践活动成果的转化与应用。可以通过以下方式进行跟踪和指导：

①设立线上交流平台。方便学员之间交流心得、分享经验，巩固实践活动成果。

②定期组织座谈会。让学员汇报自己在实际工作中的成果和困惑，共同探讨解决办法。

通过以上措施，教师培训过程中的实践活动将更加有效，更有助于提高学员的教学能力和专业素质。

7. 培训内容的巩固与拓展

为了确保学员能够将培训内容应用于实际教育教学，培训师需要在培训过程中加强对学员的指导，主要包括：

（1）实践操作。让学员在实际操作中应用培训内容，提高他们的实践能力。

（2）作业与任务。布置相关的作业或任务，让学员在课外时间消化和巩固培训内容。

（3）拓展阅读。推荐相关的书籍、文章或网站，让学员了解更多前沿的教育教学理念和方法。

8. 实时评估

在培训过程中进行实时评估，了解教师对所学内容的掌握程度，并根据评估结果调整培训的深度和速度，有助于提高培训效果。以下七个方面可以更好地实现这一目标。

（1）设计评估工具。针对培训内容，设计合理、有效的评估工具，以便于了解教师对所学内容的掌握程度。评估工具可以包括：

①测试题。设计涵盖培训重点的测试题，评估教师对知识的掌握程度。

②案例分析。让教师针对具体案例进行分析，了解他们运用所学知识解决实际问题的能力。

（2）采用多元化评估方法。结合培训特点，采用多种评估方法，全面了解教师的学习情况。可以采用以下方式：

①小组讨论。观察教师在小组讨论中的表现，了解他们对培训内容的理解和应用。

②实际操作。让教师进行实际操作，检验他们运用所学知识解决实际问题的能力。

（3）实施评估过程。在培训过程中，合理安排评估环节，确保评估结果的准确性。以下两点需要注意：

①评估时机。选择在培训的关键节点进行评估，以便了解教师对所学内容的掌握情况。

②评估环境。确保评估过程的环境安静、专注，避免干扰。

（4）分析评估结果。认真分析评估结果，找出教师在学习过程中的优点和不足。以下两点需要注意：

①数据分析。对评估数据进行统计分析，了解教师对培训内容的整体掌握情况。

②个案分析。关注个别教师的表现，找出他们在学习过程中的困惑和需求。

（5）调整培训方案。根据评估结果，及时调整培训的深度和速度。可以采取以下措施：

①培训内容的调整。针对教师掌握程度较低的知识点，加强讲解和练习。

②教学方法的调整。根据教师的实际需求，调整教学方法，提高培训效果。

（6）反馈评估结果。将评估结果反馈给教师，让他们了解自己的学习情况。同时，针对评估结果，给予教师针对性的建议和指导。

（7）持续关注和改进。在培训结束后，持续关注教师的学习进展，了解他们在实际工作中对所学内容的应用情况。针对存在的问题，进行持续改进。

通过以上措施，培训过程中进行实时评估，了解教师对所学内容的掌握程度，并根据评估结果调整培训的深度和速度，有助于提高培训效果，满足教师的需求。

9. 鼓励参与

培训师应当积极鼓励教师参与活动，分享经验，提出问题，营造积极的学习氛围。可以从以下六个方面来实现：

（1）培训师的引导作用。培训师是营造学习氛围的关键，应充分发挥引导作用，让教师感受到尊重和支持。培训师需具备以下素养：

①亲切友善。与教师建立良好的关系，让他们感受到培训师的关爱和关注。

②激发兴趣。通过有趣的教学内容和教学方法，激发教师的学习兴趣。

（2）设计互动性强的培训活动。互动性强的培训活动能激发教师的参与热情，让他们更积极地分享经验和提出问题。可以采用以下互动式教学方法：

①小组讨论。将教师分成小组，针对特定主题进行讨论，鼓励他们分享经验。

②案例分析。让教师参与实际案例的分析，提出解决方案，促进思考和交流。

（3）建立有效的激励机制。制定激励政策，鼓励教师积极参与培训活动并分享经验。可以采取以下激励措施：

①表彰优秀学员。对在培训过程中表现优秀的教师进行表彰，提高他们的荣誉感。

②积分制度。将教师在培训活动中的表现纳入积分制度。

（4）创造轻松的交流环境。在培训过程中，创造一个轻松、自由的交流环境，让教师敢于提出问题和建议。可以采取以下措施：

①合理安排时间。为教师提供充分的交流时间，避免紧张的学习氛围。

②平等对话。培训师与教师保持平等的地位，倾听他们的意见和建议。

（5）关注教师的需求和反馈。在培训过程中，密切关注教师的需求和反馈，及时调整培训内容和教学方法。可以采取以下方式：

①问卷调查。收集教师对培训内容、教学方法的反馈，了解他们的需求。

②面对面沟通。与教师进行面对面交流，了解他们在培训过程中的困惑和需求。

（6）搭建持续学习的平台。培训结束后，搭建持续学习的平台，方便教师分享经验和交流。可以采用以下方式：

①线上社群。创建微信群、QQ群等线上交流方式，让教师可以随时分享经验和提问。

②线下研讨会。定期组织线下研讨会，邀请教师参加，提供分享和交流的机会。

通过以上措施，培训过程中积极鼓励教师参与活动、分享经验、提出问题，有助于营造积极的学习氛围，提高培训效果。

10. 时间管理

在教师培训过程中，做好时间管理对于提高培训效果和满足学员需求至关重要。控制培训时间，合理分配时间给不同的培训内容和活动，才能确保培训进度。以下七个方面可以帮助培训组织者做好时间管理。

（1）明确培训目标和计划。在培训开始前，明确培训目标和计划，确保培训内容的合理安排。根据培训主题和学员需求，制定详细的培训日程，合理分配课程内容和实践活动时间。

（2）优化课程安排。根据学员的实际情况，合理安排课程时长和休息时间。避免课程过于紧凑，给学员留出足够的休息和交流时间。同时，确保课程内容的连贯性和完整性。

（3）强化时间观念。在培训过程中，强化时间观念，确保各项活动和课程按照计划进行。培训师和学员都要严格遵守时间安排，避免因为迟到、早退等现象影响培训进度。

（4）提高培训效率。通过采用有效的培训方法和手段，提高培训效率。例如，采用互动式教学、案例分析、小组讨论等方法，激发学员的参与热情，提高学习效果。

（5）及时反馈和调整。在培训过程中，及时收集学员的反馈意见，对培训进度和内容进行调整。根据学员的实际需求和接受程度，灵活调整课程内容和教学方式。

（6）强化实践环节。实践环节是培训的重要部分，合理安排实践活动时间，确保学员有足够的时间进行实践操作。同时，对实践活动进行有效指导，确保实践成果的质量和实用性。

（7）总结和反思。在培训结束后，对整个培训过程进行总结和反思。分析培训过程中的优点和不足，为下一轮培训提供有益的借鉴。同时，关注学员对培训成果的转化与应用，评估培训效果。

通过以上措施，教师培训过程中做好时间管理，有助于提高培训效果，满足学员需求，提升教师的教育教学能力。

（三）教师培训的训后跟踪

1. 培训效果的评估与反馈

培训结束后，培训师需要对培训效果进行评估，了解学员对培训内容的掌握程度。评估方法包括：

（1）问卷调查。通过问卷调查，了解学员对培训内容、培训方法和培训效果的评价。

（2）测试。设计相关的测试题，检验学员对培训内容的掌握程度。

（3）实践成果展示。让学员展示自己在实践中所应用的培训内容，评估其实际效果。

根据评估结果，培训师可以对培训内容和方法进行总结和反思，为下一轮培训提供有益的借鉴。同时，培训组织者应关注学员的反馈，不断完善培训制度和政策，提高教师培训的整体效果。

2. 提高培训师的综合素质

培训师在互动交流过程中起到关键作用，他们的专业素养、沟通能力和组织协调能力直接影响学员的参与度和学习效果。培训师应具备以下素质：

（1）专业素养。熟悉所培训领域的专业知识，能够解答学员提出的疑问。

（2）沟通能力。善于与学员沟通，语言表达清晰、生动，富有感染力。

（3）组织协调能力。善于调动学员的积极性，引导学员参与互动交流环节。

3. 加强培训成果的转化与应用

培训结束后，组织者应关注学员在实际工作中对培训成果的转化与应用。可以通过以下方式进行跟踪和指导：

（1）设立线上交流平台。方便学员之间交流心得、分享经验，巩固培训成果。

（2）定期组织座谈会。让学员汇报自己在实际工作中的成果和困惑，共同总结经验、探讨解决办法。

（3）开展专项调研。了解学员在实际工作中遇到的问题，为下一轮培训提供参考。

通过以上措施，教师培训中的互动交流过程将更加有效，有助于提高学员的教学能力和专业素质。

4. 案例分析

使用真实案例来说明培训内容的应用和效果。教师可以分析案例，探讨解决方案，从中获取教育教学经验。以下六个方面可以帮助做好案例分析。

（1）选择具有代表性的案例。在进行案例分析时，选取具有代表性的案例至关重要。可以选取的教育教学案例包括：

①成功的教育教学案例。通过分析成功案例，让学员了解先进的教育理念和教学方法在实际中的应用。

②存在的问题和挑战。分析存在的问题和挑战，让学员认识到教育教学中需要改进的地方。

（2）明确案例分析的目标和任务。在进行案例分析前，明确目标和任务，确保分析过程有针对性和实用性，可以针对以下方面设定目标：

①分析案例中的教育教学理念和方法。让学员了解先进的教育理念和教学

方法。

②分析案例中的问题解决策略。让学员学会如何在实际教学中解决问题。

（3）设计案例分析活动。结合学员实际情况，设计有趣、实用的案例分析活动。可以采用以下三种形式：

①小组讨论。将学员分成小组，针对案例进行讨论，分享自己的观点和心得。

②角色扮演。让学员扮演案例中的角色，模拟实际教学场景，提高教学技巧。

③教学设计。让学员针对特定主题进行教学设计，锻炼教育教学创新能力。

（4）引导深入讨论和反思。在案例分析过程中，引导学员进行深入的讨论和反思。鼓励学员从不同角度分析案例，分享自己的看法和心得。同时，让学员对自己的教育教学实践进行反思，找出不足之处并进行改进。

（5）提供专业指导和评价。在案例分析过程中，为学员提供专业的指导和评价。培训师可以针对学员的分析情况进行点评，指出优点和不足，帮助学员更好地了解教育教学理论和实践。

（6）总结和应用。在案例分析活动结束后，进行总结和归纳。将案例分析过程中的亮点和经验进行分享，以便学员在实际工作中借鉴和应用。同时，关注学员对案例分析成果的转化与应用，提高教育教学能力。

通过以上措施，教师培训过程中做好案例分析，有助于提高学员的理论素养和实际教育教学能力，为教育教学改革和发展奠定基础。

5. 反馈和调整

教师培训过程中，定期收集教师的反馈意见，了解培训效果和满意度，对于提高培训质量和满足学员需求具有重要意义。以下六个方面可以帮助更好地实现这一目标。

（1）制定反馈问卷。设计简洁、全面的反馈问卷，以便于收集学员对培训内容、教学方法、培训效果等方面的意见。问卷应包括以下三个方面：

①培训内容的实用性。了解学员对培训课程内容的满意度，以及内容是否能满足他们的实际需求。

②教学方法。收集学员对培训师教学方法的满意度，以及是否有利于他们的学习。

③培训效果。评估学员对培训成果的满意度和实际应用效果。

（2）设立多元化反馈渠道。提供多种反馈途径，方便学员随时随地提交反馈意见，可以采用以下方式：

①线上问卷。通过问卷星、微信等线上平台，让学员在线填写反馈问卷。

②线下问卷。在培训现场发放纸质问卷，让学员现场填写。

③邮件反馈。邀请学员通过邮件提交反馈意见。

（3）定期收集和整理反馈信息。在培训过程中，定期收集学员的反馈信息，并进行整理和分析。及时了解学员的需求和困惑，为后续培训提供参考。

（4）反馈信息的处理和应用。针对收集到的反馈信息，进行认真分析和总结。从中找出培训的优点和不足，为下一轮培训提供改进方向。具体做法包括：

①优点。总结和提炼培训过程中的亮点，为后续培训提供借鉴。

②不足。分析存在的问题和不足，制定相应的改进措施。

（5）与学员进行沟通，解释反馈结果，并表示对学员意见和建议的尊重和感谢。

（6）培训效果的追踪调查。在培训结束后，对学员进行长期追踪调查，了解培训成果在实际工作中的应用情况。通过评估培训效果，为下一轮培训提供有益的借鉴。

通过以上措施，教师培训过程中定期收集教师的反馈意见，了解培训效果和满意度，有助于提高培训质量，满足学员需求，进一步提升教师的教育教学能力。

三、训后跟踪是教师培训可持续发展的关键

教师培训是促进教育质量提升的有效手段，然而，培训仅在培训期间投入不足以确保培训效果的持续。训后跟踪，作为教师培训的延续和深化，有助于将培训的收益最大化。通过多种跟踪方法的综合应用，可以全面了解教师在实际教学中应用培训内容的情况，发现问题和优势，为进一步提高培训效果提供有力的支持和依据。

（一）训后跟踪的意义

1. 确保培训效果的实现

培训后的跟踪可以帮助教育机构了解教师在实际教学中是否应用了培训所学，从而确保培训的目标和效果得以实现。

2. 发现问题与改进

通过训后跟踪，可以及时发现教师在应用培训内容时遇到的问题，为培训机构提供改进的方向和依据。

3. 激发学习兴趣和积极性

教师在培训后得到持续的关注和支持，有助于激发他们的学习兴趣和积极性，促进自主学习和专业发展。

（二）训后跟踪的方法

1. 调查问卷

设计针对教师的调查问卷，了解培训后的实际应用情况、问题和意见，以定量方式获取教师的反馈信息。

2. 观察和考察

通过实地观察和教室考察，深入了解教师在实际教学中的应用培训内容的情况，直观地捕捉教师的教学变化。

3. 反馈会议和交流

定期举行反馈会议，邀请教师分享培训后的经验和成果，促进教师之间的交流和合作。

（三）训后跟踪的策略

1. 设定跟踪指标和目标

在培训前，明确训后跟踪的指标和目标，如应用率、教学效果提升等，有助于跟踪工作的有效展开。跟踪指标可以分为定量指标和定性指标。定量指标是可以量化的，如教学方法的应用频率、学生表现的改进情况等。定性指标是描述性的，如教师对培训内容的理解程度、教学策略的创新等。如一个重要的跟踪指标是培训内容的应用率，即教师在实际教学中应用了多少培训内容。此外，也要考虑教师在应用过程中的改进程度，比如是否有明显的教学效果提升。

2. 建立跟踪机制和体系

建立完整的训后跟踪机制和体系，明确跟踪的流程、责任分工和时间安排，确保跟踪工作的有序进行。

3. 提供持续支持和资源

训后跟踪不仅仅是监督，还应提供持续的支持和资源，帮助教师解决实际问题，激发他们的学习动力。

①考虑教师的参与度和学习动力，比如教师是否积极参与培训后的交流活动、学习小组等，是否持续地进行自主学习。

②目标也可以设定为教师是否在应用培训内容的基础上进行了教学改进和创新。这可以从教学策略、教材设计、学生评价等方面体现。

③考虑培训效果的持续性，即在一段时间后，教师是否仍然在应用培训内容，并保持教学质量的提升。

（四）训后跟踪的效果

1. 设定明确的目标和指标

在培训开始前，应当明确培训的目标和预期效果。这些目标和指标可以是教学效果的提升、教育方法的应用等。在训后跟踪中，将这些目标和指标作为衡量培训效果的标准。

2. 调查问卷和反馈调查

设计问卷或调查表，向受训教师了解他们在实际教学中是否应用了培训所学，以及应用效果如何。定期进行反馈调查，了解教师的体验、问题和建议，帮助调整培训策略。

3. 观察和考察

定期进行教室观察，直接了解教师在实际教学中的运用培训内容的情况。观察教学活动、学生反应和教师表现，从中获取关于培训效果的实际数据。

4. 教学示范和分享会

邀请部分受训教师展示他们在实际教学中应用培训内容的情况。分享会可以促进教师之间的交流，分享成功的经验和克服困难的方法。

5. 教师自评和互评

鼓励教师对自己的教学进行评估，分析自己在应用培训内容时的表现。同时，也可以让教师互相评估，互相提供建议和改进意见。

6. 实际成果展示

要求教师提交实际的教学成果，如教案、课件、学生作品等，作为培训效果的一种呈现。这样可以更直观地了解教师在教学中的应用情况。

7. 学习小组和共同研讨

建立学习小组，让教师在小组内分享培训后的实际应用情况。小组成员可以相互鼓励、交流，共同解决教学中遇到的问题。

8. 综合评估和反思

定期进行综合评估，将调查问卷、观察结果、实际成果等数据进行综合分析，全面了解培训效果。同时，鼓励教师反思自己的教学实践，发现不足并改进。

（五）训后跟踪的激发

1. 提供个性化支持

在训后跟踪中，了解教师的兴趣、需求和学习风格，根据个体差异提供个性化的支持和建议，让教师感到自己的学习被重视。

2. 制定具体目标

帮助教师制定明确的学习目标,让他们知道通过持续学习可以实现更好的教学效果,从而激发学习的动力。

3. 鼓励自主学习

培养教师的自主学习能力,提供学习资源和推荐书籍,让教师在培训结束后也能持续深入学习。

4. 激发合作和分享

鼓励教师在训后跟踪中进行合作和交流,分享学习心得、教学经验和解决方法,互相激发学习的兴趣。

5. 提供奖励和认可

通过奖励和认可的方式,鼓励教师积极参与训后跟踪,让他们感受到自己的付出得到了重视和回报。

6. 实践应用和反馈

鼓励教师将所学知识和技能应用到实际教学中,并及时反馈应用效果。实际的成果和反馈可以增强教师的学习动力。

7. 定期学习活动

在训后跟踪过程中,不定期组织学习活动,如专题讲座、研讨会等,让教师持续保持学习的热情。

8. 提供发展机会

向教师展示培训和学习的路径,提供专业发展的机会,让教师能够看到自己的学习可以为未来的职业发展带来好处。

9. 反馈与成就感

及时给予教师学习的反馈,让他们感受到自己的进步和成就,增强学习的满足感和积极性。

10. 持续支持和关注

在训后跟踪结束后,继续提供支持和关注,让教师感受到自己的学习旅程得到了长期的重视。

(六)训后跟踪的机制

1. 制订明确的跟踪计划

在教师培训开始前,制订一个明确的跟踪计划。计划中包括跟踪的目标、跟踪方法、时间安排、责任分工等内容。确保跟踪计划与培训目标和内容相匹配。

2. 确定跟踪的时间点和频率

考虑到培训效果可能需要一定时间来显现,需要确定跟踪的时间点和频率。

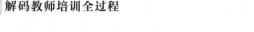

可以设定短期、中期和长期的跟踪时间点，以全面了解培训效果的变化趋势。

3. 分工合作和责任明确

明确跟踪工作的责任分工，包括谁负责收集数据、谁负责分析数据、谁负责与教师沟通等。分工合作有助于确保跟踪工作的有序进行。

4. 确定跟踪方法和数据收集工具

根据跟踪计划，选择适合的跟踪方法和数据收集工具。可以包括调查问卷、观察、学生反馈、教师自评等多种方法，以获取全面的数据。

5. 数据分析和报告制作

收集到跟踪数据后，需要进行数据分析，找出教师在应用培训内容时可能存在的问题和改进空间。根据分析结果，制作相应的跟踪报告。

6. 跟踪报告的呈现与交流

将跟踪报告呈现给相关教师、管理者和决策者，进行交流和讨论。交流的过程中，可以得到更多的反馈和建议，为进一步改进提供依据。

7. 持续改进措施的制定

基于跟踪报告的分析和反馈，制定具体的改进措施。这些措施可能涉及培训策略、内容调整、教师支持措施等方面。

8. 教师参与和反馈机制

建立教师参与和反馈的机制，鼓励教师积极参与跟踪过程，分享自己的应用经验和问题。教师的反馈是改进跟踪机制的重要依据。

9. 数据保密和隐私保护

在收集和使用数据过程中，要注意数据的保密和隐私保护，确保教师的个人信息和数据安全。

10. 持续性和可持续发展

跟踪不仅仅是在培训期间进行，还需要在培训结束后持续进行，以确保培训效果的可持续发展。

四、传统教师培训的不足和创新

（一）教师培训的传统模式

1. 讲授法

传统教师培训讲授法是一种较为古老且广泛应用的培训方式，主要通过培训师口头语言向教师系统地传授知识。讲授法包括以下三种基本方式：

（1）讲述。培训师以叙述、描述的方式向教师传授知识，通常用于讲解课程内容、理论知识和故事情节等。

（2）讲解。培训师通过分析、论证、解释等方式，深入浅出地阐述知识点，帮助教师理解学科原理和概念。

（3）讲读。培训师在传授知识的过程中，结合阅读材料，让教师在听取培训师解读文本内容的同时，理解知识点和作者的观点。

讲授法的优点如下：

（1）信息量大。培训师通过说明、分析、论证、描述、设疑、解疑等教学语言，能在短时间内传递大量系统的科学知识。

（2）灵活性大，适应性强。讲授法可根据教师的整体认知水平和接受能力，调整教学节奏和内容，满足不同层次教师的需求。

（3）有助于培训师主导和主体实践。讲授法有利于培训师在教学过程中发挥主导作用，实现教学目标和任务。

然而，讲授法也存在一定的缺点：

（1）不利于培训师面向全体教师。由于讲授法注重培训师与教师的单向交流，培训师难以关注每个教师的学习状况和需求。

（2）不利于教师在短时间内获得大量系统的知识。讲授法虽然信息量大，但教师在短时间内难以消化和吸收全部内容。

（3）不利于培训师有目的、有计划地进行教学。讲授法容易导致教学过程过于灵活，培训师可能难以按照预设的教学计划进行。

（4）不利于教师主动自觉地学习。讲授法中教师的主体地位较为被动，教师可能在课堂上产生依赖心理，影响学习的主动性和积极性。

总之，教师培训传统的讲授法在传递知识、促进培训师主导和教师被动接受方面具有一定的优势，同时也存在一定的不足。为了提高培训效果，可以尝试将讲授法与其他现代化培训方法相结合，取长补短，以满足培训师和教师的发展需求。

2. 视听技术法

视听技术法是一种在教师培训中广泛应用的有效方法，它利用现代视听技术手段，如投影仪、录像、电视、电影、电脑等工具，为教师提供直观、生动的教学资源。视听技术法在教师培训中的应用具有以下优点：

（1）提高培训效果。视听技术法通过视觉和听觉的双重感知方式，使培训内容更具吸引力和感染力，有助于加深教师对知识点的理解和记忆。

（2）激发学习兴趣。视听教材具有生动形象、真实感强等特点，能够引起教师的兴趣和关注，激发他们学习的积极性和主动性。

（3）适应不同水平和需求的教师。视听教材可以反复使用，有利于教师根

据自身需求和水平进行针对性的学习，提高培训的实效性。

（4）丰富培训形式。视听技术法可以与讲授、讨论等其他培训方式相结合，丰富培训形式，提高培训的多样性和针对性。

（5）提高教师技能和素养。通过观看优秀的教学示范视频、教育教学案例等，教师可以学习到先进的教育理念、教学方法和教学技巧，从而提高自身教育教学能力。

然而，视听技术法在教师培训中也存在一定的不足：

（1）制作和购买成本较高。高质量视听教材的制作需要投入较多的人力、物力和财力，购买现成的视听教材也需要一定的费用。

（2）内容更新较快。随着科技的发展和教育教学理念的不断创新，部分视听教材可能会迅速过时，需要定期更新。

（3）培训师与学员互动有限。在视听技术法的培训过程中，培训师与学员之间的互动可能相对较少，影响培训的深度和广度。

（4）技术设备要求较高。开展视听技术法培训需要具备相应的技术设备和场地，这在一定程度上限制了培训的普及和推广。

综上所述，视听技术法在教师培训中具有显著的优势，同时也存在一定的不足。为了提高教师培训的效果，可以结合其他培训方法，如讲授、讨论、实地考察等，取长补短，实现培训方式的多元化。同时，充分利用现代科技手段，提高视听教材的质量和培训效果。

3. 线上+线下混合式培训

线上+线下混合式培训是一种将传统面授课程与网络在线课程相结合的新型培训模式。这种模式充分发挥了网络技术和实体课堂的优势，为教师提供更加灵活、高效的教学培训体验。混合式培训主要包括以下六个方面：

（1）线上课程。利用网络平台，教师可以随时随地在线学习课程内容。线上课程通常包括视频讲座、教学课件、课程笔记等资源。教师还可以通过在线论坛、微信群、QQ群等与同行交流学习心得，分享教学经验。

（2）线下课程。线下课程主要包括实地培训、研讨会、讲座等。教师在参加线下课程时，可以与专家、同行面对面交流，深入探讨教育教学问题。线下课程通常涉及教学实践、案例分析、互动讨论等环节。

（3）自主学习。在混合式培训中，教师需要自主安排学习时间，完成线上课程的学习任务。这有助于培养教师的自学能力和自我管理能力。

（4）团队合作。混合式培训鼓励教师组建团队，共同探讨教学问题，分享教学经验。教师可以在线上平台发表自己的观点，与其他教师展开讨论，提高自己的教育教学水平。

（5）教学实践。混合式培训通常要求教师将所学知识应用于实际教学工作中，进行教学实践。教师可以在线分享自己的教学案例，与其他教师交流教学方法，共同提高教学效果。

（6）考核与评价。混合式培训采用线上与线下相结合的考核方式，既包括过程性评价，也包括终结性评价。考核方式可以包括作业、测试、教学实践成果等。

另外，线上+线下混合式培训的优点主要包括以下方面：

（1）灵活性。混合式培训充分满足了教师个性化、多样化的学习需求，教师可以根据自己的时间、进度和需求进行学习。

（2）高效性。混合式培训利用网络技术，提高了培训效率，节省了教师的时间和成本。

（3）互动性。混合式培训不仅提供了教师与专家、同行交流的机会，还促进了教师与学生之间的互动。

（4）针对性。混合式培训可以根据教师的需求，提供针对性的培训内容，提高培训效果。

（5）可持续发展。混合式培训可以充分利用网络平台，持续更新培训内容，保证培训的可持续发展。

然而，线上+线下的混合式培训也存在一定的挑战，如学习管理监督机制有待完善，对于受训者拖延、抄袭、应付完成线上任务等问题，需要完善App的相关监督功能，包括培训师发布作业后提醒作业功能、截止时间提醒功能、错题讲解功能。对于课堂上出现"手机党""低头族"等影响学习等问题，应增加学习打卡功能、可锁定手机里其他娱乐性软件等功能。培训师对线上学生自主学习任务完成统计功能应借助大数据科学分类、有效打分、自动汇总，减少培训师工作量。讨论答疑等环节，应考虑给培训师配备助教，协助完成大量的线下教学监督工作从而提高效率。

总之，线上+线下混合式培训是一种具有广泛应用前景的教师培训模式。通过充分发挥线上和线下培训的优势，混合式培训为培训师提供了更加灵活、高效、有针对性的培训体验。然而，混合式培训的成功实施也需要克服一系列挑战，如完善学习管理监督机制、提高教师信息技术素养等。

4. 实地考察学习

教师培训中的实地考察学习是一种将教师置于实际教育教学环境中的培训方式，通过参观、考察、交流、实践等环节，让教师深入了解先进的教育理念、教学方法和优秀的教育实践，从而提高自身的教育教学能力。实地考察学习的具体内容包括以下六个方面：

（1）优秀学校参观。组织教师参观具有先进教育理念和优质教育资源的学校，了解其校园文化、教学设施、课程设置、教学方法等方面的情况，学习其成功经验。

（2）教育教学基地考察。带领教师前往教育教学基地，如重点实验室、历史文化遗址、社会实践基地等，让教师在实际环境中感受教育的意义和价值，激发教育教学创新意识。

（3）教育企业参观。组织教师参观有代表性的企业，了解企业对人才培养的需求，探讨校企合作模式，提高教师对职业教育理念的理解和实践能力。

（4）教育教学研讨会。在实地考察过程中，组织教育教学研讨会，邀请专家、优秀教师等进行经验分享和交流，促进教师之间的思想碰撞和知识共享。

（5）教育教学实践。结合实际教育教学场景，让教师参与课堂教学、班级管理、学生活动组织等实践环节，提高教师的教育教学技能。

（6）实地考察报告。考察结束后，要求教师撰写实地考察报告，总结自己的学习收获和心得体会，对自己的教育教学工作进行反思和改进。

实地考察学习的优点：

（1）真实性。实地考察学习让教师深入了解实际教育教学环境，感受到先进的教育理念和实践，有助于提高培训的实效性。

（2）互动性。实地考察学习鼓励教师之间进行交流与合作，分享教育教学经验，促进教师队伍整体水平的提高。

（3）实践性。实地考察学习让教师亲身体验教育教学实践，提高教师的教育教学能力和实践能力。

（4）针对性。根据教师的需求，选择具有针对性的实地考察内容，提高培训的针对性和实用性。

然而，实地考察学习也存在一定的不足之处：

（1）组织难度较大。实地考察学习涉及场地、交通、安全等多方面的问题，组织难度相对较大。

（2）成本较高。实地考察学习需要承担一定的费用，包括交通、住宿、餐饮等开支。

（3）时间安排不够灵活。实地考察学习的时间安排较为固定，可能无法满足部分教师的个性化需求。

综上所述，实地考察学习是一种富有实效性的教师培训方式。通过实地参观、考察、交流和实践，教师可以深入了解先进的教育理念和教育实践，提高自身的教育教学能力。在实施实地考察学习时，应注意解决组织难度、成本较高和时间安排不够灵活等问题，以提高培训的广泛性和满意度。

5. 校本培训

校本培训是一种以学校为基础、以教师需求为导向的教师培训模式。它强调发挥学校的主体作用，充分利用校内外资源，针对教师的专业发展需求进行有针对性的培训。校本培训的主要内容包括以下七个方面：

（1）学校教育理念和教育技术的培训。校本培训首先关注的是学校教育理念的传承和教育技术的提升。通过培训，使教师深刻理解学校的办学理念，掌握现代教育技术，以提高教育教学质量。

（2）本校特色教育和科研成果的培训。校本培训注重挖掘和提升学校的特色教育资源，包括校本课程、教育科研成果等。通过培训，使教师了解并积极参与学校的特色教育活动，促进学生的全面发展。

（3）区域性培训。校本培训可以涵盖一定区域范围内的教育资源，如学区、教育集团等。区域性培训旨在促进校际间的交流合作，共享优质教育资源，提高教师的专业素质。

（4）教师专业发展培训。校本培训关注教师的专业发展，包括师德修养、教育教学能力、学科知识、教育科研能力等方面。通过培训，帮助教师树立正确的教育观念，提升教育教学水平，促进教师队伍建设。

（5）教育教学实践与研究。校本培训鼓励教师参与教育教学实践，如课堂教学、班级管理、学生活动等。同时，要求教师在实践中进行研究，总结经验，不断提高教育教学能力。

（6）教师培训项目制。校本培训可以采用项目制的形式进行，针对具体课题或主题进行深入研究。项目制培训有助于提高教师的团队协作能力和创新能力。

（7）评价与反馈。校本培训过程应注重对教师培训效果的评价与反馈，通过考核、问卷调查、座谈会等方式，了解教师的培训需求和满意度，不断调整培训内容和方式。

校本培训的优点：

（1）针对性。校本培训充分考虑教师的专业发展需求，针对性地开展培训，提高培训的实效性。

（2）灵活性。校本培训可以根据学校的实际情况和教师的需求，调整培训计划和内容，满足教师个性化发展需求。

（3）资源共享。校本培训有利于校内、校际间优质教育资源的共享，提高教师的教育教学水平。

（4）促进教师成长。校本培训关注教师的专业发展，有助于提升教师的教育教学能力和个人综合素质。

（5）提高学校整体教育质量。通过校本培训，提升教师队伍的整体素质，进而提高学校的整体教育质量。

总之，校本培训是一种以学校为基础、以教师需求为导向的教师培训模式，旨在提升教师的专业素质，促进教师队伍的成长，提高学校的整体教育质量。在实施校本培训时，应注意结合学校实际情况，充分挖掘和利用校内外资源，注重培训的针对性和实效性。

6. 园本研修

园本研修是一种以幼儿园为单位，围绕教育教学实践问题进行研究、探讨和解决的教师培训方式。这种培训模式旨在提高教师的专业素质，促进教育教学改革和幼儿园的发展。以下是园本研修的主要特点和实施步骤：

（1）幼儿园为主体。园本研修以幼儿园为单位组织进行，幼儿园负责制订研修计划、安排研修活动和评价研修成果。

（2）问题为导向。园本研修聚焦幼儿园教育教学实践中的具体问题，旨在解决实际教育教学中的难题。

（3）团队合作。园本研修鼓励教师之间的团队合作，共同研究、探讨和解决问题。

（4）实践与理论相结合。园本研修将教育教学实践与理论相结合，既注重实践经验的积累，又重视理论的提升。

（5）多元化的研修形式。园本研修采用多种形式，如课题研究、教学观摩、座谈会、专家讲座等。

（6）持续性。园本研修是一个持续的过程，贯穿于教师的日常教育教学工作中，有助于教师持续地学习和成长。

（7）反思与评价。园本研修鼓励教师进行自我反思，对教育教学实践进行评价，以便不断改进和提高。

（8）专业发展。园本研修关注教师的专业发展，为教师提供有针对性的培训和指导。

（9）资源整合。园本研修注重整合幼儿园内外资源，如教师、专家、家长等，共同为幼儿园的发展贡献力量。

（10）制度保障。园本研修需要建立健全相关制度，如研修计划、研修活动安排、研修成果评价等，以确保研修活动的顺利进行。

园本研修的优点：

（1）针对性强。园本研修聚焦幼儿园教育教学实践中的具体问题，有助于解决实际教育教学中的难题。

（2）实践与理论相结合。园本研修将教育教学实践与理论相结合，提高教师的教育教学水平。

（3）团队合作。园本研修鼓励教师之间的团队合作，促进教师之间的交流与互动。

（4）持续性。园本研修是一个持续的过程，有助于教师持续地学习和成长。

（5）资源整合。园本研修注重整合幼儿园内外资源，为幼儿园的发展提供支持。

总之，园本研修是一种以解决实际教育教学问题为目标的教师培训方式，有助于提高教师的专业素质，推动教育教学改革和幼儿园的发展。在我国，园本研修已成为幼儿园教师培训的重要组成部分，得到了广泛的推广和实践。

（二）传统教师培训存在的问题及原因

虽然传统的教师培训范式在一定程度上满足了教育领域的培训需求，但随着教育环境的变化和发展，也暴露出了一些局限性。主要包括以下八个方面。

1. 教育体制和政策层面

教育体制和政策对教师培训工作的支持和重视程度直接影响教师培训的开展。虽然国家对教师培训投入不断加大，但仍有一些地区和学校对教师培训重视不够，投入不足。存在问题的原因主要是：

（1）资源分配。教育体制和政策对教师培训的重视程度决定了培训资源的分配，包括资金、人力和物力等。支持和重视程度越高，分配的资源越充足，越有利于教师培训的顺利进行。

（2）培训政策制定。教育体制和政策对教师培训的重视程度体现在培训政策的制定上。支持和重视程度越高，政策越有针对性，越有利于教师培训工作的开展。

（3）培训需求调研与规划。教育体制和政策对教师培训的重视程度会影响教育部门对教师培训需求的调研和规划。支持和重视程度越高，调研和规划越细致，越有利于确保培训内容与实际需求紧密结合。

（4）培训质量监督与评价。教育体制和政策对教师培训的重视程度会影响培训质量的监督与评价。支持和重视程度越高，教育部门越注重培训质量，越有利于推动教师培训工作的持续改进和提高。

（5）激励与保障机制。教育体制和政策对教师培训的重视程度体现在激励与保障机制的建立上。支持和重视程度越高，教师参加培训的积极性越高，越有利于教师培训工作的广泛开展。

（6）教育培训与发展前景。教育体制和政策对教师培训的重视程度会影响教师的教育培训和发展前景。支持和重视程度越高，教师在教育培训中获得的成长和发展机会越多，越有利于提高教师队伍的整体素质。

（7）社会认知与氛围。教育体制和政策对教师培训的重视程度会影响社会对教师培训的认知和氛围。支持和重视程度越高，社会对教师培训的关注度和认可度越高，越有利于教师培训工作的推进。

2. 培训内容与实际教学需求脱离

部分教师培训过于侧重理论知识的传授，而忽视了实践操作和教学技能的提升。这导致教师在培训后难以将培训所学应用到实际教学中。存在问题的原因主要是：

（1）培训体系不够完善。教师培训体系包括培训内容、培训方式、培训时间等方面。如果体系不够完善，容易导致培训内容与实际教学需求脱节。

（2）缺乏深入了解一线教学的专家。教师培训涉及众多领域，如教育心理学、教学方法、学科知识等。如果培训师不能深入了解一线教学实际情况，培训内容就容易脱离实际。

（3）培训目标不明确。教师培训应根据不同阶段、不同学科、不同教师的需求制定明确的培训目标。如果培训目标不明确，会导致培训内容与实际教学需求不符。

（4）缺乏互动与反馈。在培训过程中，如果缺乏参训教师与培训师之间的互动和反馈，便难以准确把握教师实际需求，从而导致培训内容与实际教学需求脱节。

（5）教育资源分配不合理。教师培训资源包括资金、人力等。如果教育资源分配不合理，可能导致培训内容质量不高，难以满足实际教学需求。

（6）教育政策与实际操作脱节。有时候，教育政策与实际操作之间存在一定程度的脱节，导致教师培训内容无法真正应用于日常教学。

（7）教师个人因素。每位教师的教学需求、教学背景和教学能力都不尽相同。如果教师自身没有积极参与培训，也可能导致培训内容与实际教学需求脱节。

3. 培训对象范围狭窄

传统的教师培训往往只针对新入职的教师或特定岗位的教师，而对于在职教师的全面培训较为缺乏。这使得部分教师无法获得针对性的培训机会。存在问题的原因主要是：

（1）资源有限。教师培训涉及资金、人力、物力等资源。在当前教育预算有限的情况下，教育部门需要在众多教师中筛选重点培训对象，以实现资源的有效利用。

（2）培训需求差异。教师队伍庞大，不同教师的教学需求、教学背景和教学能力存在很大差异。为了提高培训效果，教育部门往往需要针对性地开展分层、分类培训，从而导致培训对象范围相对狭窄。

（3）培训目标与阶段。教师培训有不同的目标和阶段，如入职培训、在职培训、高级培训等。在各个阶段，培训对象的筛选标准和范围也会有所不同，可能导致实际培训对象范围较为狭窄。

（4）优质培训师资源有限。优质培训师是提高教师培训质量的关键。然而，当前市场上优秀培训师的供给与需求之间存在较大差距，教育部门在安排培训课程时，往往会优先考虑优质培训师所能覆盖的教师范围。

（5）体制内竞争。教育部门内部存在一定的竞争机制，学校和教师之间也存在竞争。在有限的培训资源下，部分学校和教师可能会争取更多培训机会，从而导致培训对象范围相对狭窄。

（6）培训成果转化难度。教师培训成果转化为日常教学实践的过程较为复杂，需要教师具备一定的教学素养和改革意识。在实际操作中，部分教师可能未能将培训成果充分应用于教学，导致培训资源的浪费。

（7）政策因素。教育政策对教师培训对象范围有一定影响。在政策调整的过程中，可能会出现培训对象范围狭窄的现象。

4. 培训针对性不足

部分教师培训缺乏对教师个体差异的考虑，培训内容往往不具备针对性，无法满足不同教师的需求。存在问题的原因主要是：

（1）培训需求分析不够精准。在教师培训过程中，需求分析是提高培训针对性的关键环节。然而，现实中往往存在对教师需求调研不够深入、不够全面的现象，导致培训内容难以满足教师实际需求。

（2）培训内容与教学实际脱节。部分教师培训内容过于理论化，未能紧密结合实际教学场景。这种情况下，培训内容很难解决教师在教学中遇到的实际问题，从而导致针对性不足。

（3）培训方式与教师特点不符。不同教师的教学经验、教学风格和教学需求存在差异。如果培训方式不能兼顾这些差异，教师在培训过程中可能会感到难以适应，导致培训针对性不足。

（4）培训资源分配不合理。教师培训资源包括资金、人力和物力等。在资源有限的情况下，如果分配不合理，可能导致部分教师得不到有针对性的培训机会。

（5）培训师水平参差不齐。教师培训的质量很大程度上取决于培训师的业务水平。当前教师培训市场中，培训师水平参差不齐，影响了培训的针对性。

（6）培训评价机制不健全。教师培训评价机制是衡量培训针对性的重要手段。如果评价机制过于注重形式，而忽视培训内容实际效果，会导致培训针对性不足。

（7）教育政策与实际操作脱节。政策层面对于教师培训的定位、目标和要求可能与实际操作存在一定程度的脱节，从而导致教师培训针对性不足。

（8）教师个人因素。教师自身的教学观念、教学能力和教学经验等个人因素也会影响培训的针对性。部分教师可能由于自身原因，未能从培训中获得有针对性的收获。

5．培训方式单一

传统的教师培训主要以讲座、研讨会等形式进行，缺乏互动性和实践性。这使得教师在培训过程中难以积极参与，影响了培训效果。存在问题的原因主要是：

（1）传统教育观念影响。我国长期以来，教育观念较为传统，重视课堂教学和知识传授。这导致教师培训过于关注教学内容的补充和拓展，而忽视了教师教学方法、教育理念等方面的培训。

（2）培训资源有限。教育部门需要在有限的资源下开展教师培训。单一的培训方式可以降低组织成本和提高培训效率，从而在资源分配上更具优势。

（3）缺乏创新意识。在教育行业，创新意识和能力在一定程度上决定了教师培训方式的多样性。由于部分教育部门和教师对新型培训方式的认识不足，导致创新意识不够，从而使培训方式单一。

（4）培训师队伍结构不合理。教师培训师队伍的结构会影响培训方式的多样性。目前，我国教师培训师队伍在专业背景、教学经验和培训能力等方面存在一定程度的失衡，可能导致培训方式单一。

（5）教育政策与实际操作脱节。政策层面对于教师培训的定位、目标和要求可能与实际操作存在一定程度的脱节，从而导致教师培训方式单一。

（6）培训效果评估不全面。教师培训效果评估是推动培训方式多样化的关键。当前，部分教育部门对培训效果的评估仅关注表面指标，如出勤率、考试合格率等，而忽视了教师实际教学能力的提升和培训需求的满足，从而导致培训方式单一。

（7）教师个人因素。教师自身的教学需求、教学能力和时间安排等因素也会影响培训方式的多样性。部分教师可能更倾向于传统的面对面授课方式，从而使培训方式趋于单一。

6．培训效果评价机制不完善

当前的教师培训较少建立系统的效果评价机制，难以全面了解教师在培训后的实际提升情况。存在问题的原因主要是：

（1）评价观念滞后。部分教育部门和学校对教师培训效果评价仍停留在传统的观念上，过于关注短期目标和形式化指标，如出勤率、考试合格率等，而忽视了教师实际教学能力的提升和培训需求的满足。

（2）评价指标不科学。教师培训效果评价指标体系不够科学合理，部分指标设置过于宏观或抽象，难以量化，导致评价过程的主观性和不确定性较大。

（3）评价方法单一。当前教师培训效果评价多采用问卷调查、座谈会、考试等形式，较少运用现代评价技术，如教育数据分析、教师教学表现评估等，使得评价方法过于单一，难以全面反映培训效果。

（4）评价主体不够多元。教师培训效果评价主体主要集中在教育部门和学校，较少涉及教师自身、学生及家长等多个利益相关方的评价，导致评价结果的客观性和公正性受到一定程度的影响。

（5）反馈与改进机制不健全。教师培训效果评价后，部分教育部门和学校未能及时将评价结果反馈给教师，也没有建立相应的改进机制，使得评价结果难以转化为实际的教学改进行动。

（6）教育资源分配不均。在教师培训评价过程中，部分地区和学校由于教育资源分配不均，可能导致评价过程和结果受到一定程度的影响。

（7）政策支持不足。教育政策对教师培训效果评价机制的建立和完善具有指导作用。当前，部分政策对教师培训效果评价的关注度不足，使得实际操作中缺乏有力的政策支持。

7. 培训动力不足

部分教师参加培训可能是出于学校或上级的要求，而非自身发展的需求，这导致他们在培训过程中缺乏足够的动力和积极性。存在问题的原因主要是：

（1）教师工作压力大。当前我国教育环境下，教师工作任务繁重，日常教学、备课、批改作业等工作占据了大量时间，使得教师在参与培训时可能缺乏足够的精力和时间。

（2）培训内容与实际需求不符。部分教师培训内容过于理论化，与实际教学场景脱离，导致教师在培训过程中难以产生共鸣，从而影响培训动力。

（3）培训方式单一。传统的教师培训方式多为面对面授课，缺乏互动性和创新性。教师在参与此类培训时可能感到枯燥无味，难以产生兴趣。

（4）培训效果不明显。部分教师参加培训后，发现培训内容对实际教学的帮助并不大，导致对培训的信心和动力减弱。

（5）培训评价机制不完善。当前教师培训效果评价机制存在一定程度的缺陷，如评价指标不科学、评价方法单一等，导致教师在培训过程中缺乏动力。

（6）缺乏激励政策。部分地区和学校对教师培训的激励政策不够完善，未能形成有效的激励机制，使得教师在参与培训时缺乏动力。

（7）培训成本顾虑。部分教师可能担心培训期间产生的费用，如交通、住宿等，会影响个人经济利益，从而影响培训动力。

（8）教师个人因素。教师自身的专业素养、教育观念、时间管理能力等因素也会影响其参与培训的动力。部分教师可能对自身教学水平缺乏信心，或者认为培训与自己职业发展关系不大，从而缺乏培训动力。

8. 培训师资不完善

教师培训师资力量的不足，既有选拔培养机制不完善的原因，也与优秀教师的精力分配有关。存在问题的原因主要是：

（1）培训师队伍规模不足。在我国，教师培训师队伍整体规模相对较小，难以满足日益增长的教师培训需求。部分地区和学校甚至存在师资匮乏的现象。

（2）培训师专业水平参差不齐。培训师队伍中，部分人员的专业水平较高，但也有部分人员在业务能力、教育理念和教育技术等方面存在不足，影响了培训质量。

（3）培训师培训机制不健全。针对培训师的培训和发展机制不够完善，导致培训师在教育教学观念、教学方法和手段等方面难以实现持续提升。

（4）培训师来源单一。教师培训师队伍的来源较为单一，主要以高校、科研机构和一线优秀教师为主。这种情况下，培训师队伍在专业背景、教学经验和培训能力等方面可能存在局限。

（5）培训师与参训学员互动不足。部分教师培训过程中，培训师与学员之间的互动较少，导致培训效果不佳。此外，缺乏针对学员个性化需求的指导和建议，使得培训内容难以满足学员实际需求。

（6）培训师队伍建设投入不足。在教师培训过程中，部分地区和学校对培训师的选拔、培养和激励等方面投入不足，影响了培训师队伍的稳定和发展。

（7）教育政策支持不够。政策层面对于教师培训师资的建设关注度不够，缺乏有针对性的政策支持和指导。

（8）教师个人因素。部分教师自身专业素养和教学能力较强，对于参加培训的意愿和需求可能相对较低，从而影响培训师资的完善。

为了提升教师培训的效果，需要引入系统思维，从全局角度考虑教育生态中的各个因素和关系，建立更全面和深入的培训模式。不断优化培训内容、丰富培训方式、完善培训效果评价体系、加强培训与教师职业发展的关联，才有希望解决当前教师培训存在的问题，推动教师培训工作更好地为我国教育事业服务。

（三）教师培训的创新模式

对比传统教师培训模式，当前教师培训模式加入了一些新的元素，主要表现在：

1. 微课程培训

微课程培训是一种以微型课程为单位，聚焦教育教学关键问题，注重实践性和操作性的教师培训模式。微课程培训旨在帮助教师解决教育教学中的实际问题，提升教育教学能力，促进教师专业发展。具体来说，微课程培训具有以下特点：

（1）主题鲜明。微课程培训围绕教育教学中的关键问题或热点话题展开，具有较强的针对性。每个微课程都针对一个具体问题，如教学策略、课堂管理、学科知识拓展等。

（2）内容紧凑。微课程培训内容精炼，注重实践性和操作性。课程时长一般为1~2小时，以讲解、案例分析、互动讨论等形式进行，让教师在较短时间内掌握关键知识点和实用技巧。

（3）互动性强。微课程培训注重教师之间的互动交流，鼓励教师分享自己的教育教学经验和心得。通过小组讨论、案例分析、角色扮演等环节，教师可以深入探讨教育教学问题，提高自己的实践能力。

（4）灵活性高。微课程培训时间、地点、形式灵活，可以根据教师的需求和实际情况进行调整。教师可以根据自己的时间安排参加培训，满足个性化发展需求。

（5）反馈及时。微课程培训结束后，组织者应及时收集教师的反馈意见，对培训效果进行评估。根据教师的反馈，调整培训内容和方法，不断优化培训体系。

（6）持续性。微课程培训注重教师的持续性发展，鼓励教师在培训后持续进行教育教学实践和研究。通过定期举办微课程培训，帮助教师巩固所学知识，提升专业素质。

微课程培训的优点：

（1）针对性强。微课程培训聚焦教育教学关键问题，有助于解决教师在实践中遇到的实际困难。

（2）实践性强。微课程培训注重实践性和操作性，让教师在短时间内掌握实用技巧，提高教育教学能力。

（3）灵活性高。微课程培训时间、地点、形式灵活，满足教师的个性化需求。

（4）互动性强。微课程培训鼓励教师之间的交流与合作，促进教师队伍的整体发展。

（5）持续性好。微课程培训注重教师的持续性发展，帮助教师巩固所学知识，提升专业素质。

微课程培训是一种聚焦教育教学的关键问题，注重实践性和操作性的教师培训模式。通过微课程培训，教师可以提升自己的教育教学能力，解决实际问题，促进专业发展。在实施微课程培训时，应注意围绕主题鲜明、内容紧凑、互动性强、灵活性高、反馈及时和持续性好等方面进行设计，以提高培训的实效性。

2. 翻转课堂

翻转课堂（Flipped Classroom）是一种创新的教学模式，起源于美国，逐渐在全球范围内受到关注和推广。翻转课堂的主要特点是将传统的课堂内学习转变为课堂外学习，将课堂内的讲授环节转变为互动和实践环节。这种教学模式旨在支持以学生为中心的学习，促进自主学习（active learning）的环境，提高教学质量。

在翻转课堂中，教师和学生角色的定位发生了明显变化。教师从传统的知识传授者转变为学习过程中的指导者、辅导者和伙伴，而学生则从被动的听众转变为主动的学习者。以下是翻转课堂的主要特点和实施步骤：

（1）教学视频。教师事先制作好教学视频，学生可以在课余时间观看这些视频，自主学习课程内容。教学视频通常涵盖课程的核心知识点，如理论讲解、示例演示等。

（2）课堂互动。在课堂上，教师和学生共同开展互动活动，如小组讨论、案例分析、实验操作等。这些活动旨在帮助学生巩固所学知识，提高实际操作能力和团队协作能力。

（3）个性化辅导。教师在课堂上针对学生的个性化需求进行辅导，解答学生在自主学习过程中遇到的问题。这有助于提高学生的学习效果，培养学生的独立思考能力。

（4）评价与反馈。翻转课堂注重对学生的学习过程和学习成果进行评价，教师可以根据学生的课堂表现、作业完成情况、小组讨论等环节给予反馈。此外，教师还应根据学生的反馈调整教学策略，不断优化教学内容和方法。

翻转课堂的优势：

（1）提高教学质量。翻转课堂将课堂重点放在互动和实践环节，有助于提高学生的学习兴趣和参与度，从而提高教学质量。

（2）培养自主学习能力。学生在课余时间自主学习教学视频，培养了自主学习和时间管理能力，有利于终身学习意识的养成。

（3）增强师生互动。翻转课堂增加了师生之间的互动机会，有助于建立良好的师生关系，提高学生的学习积极性和自信心。

（4）提高教育公平。翻转课堂利用网络资源为学生提供优质的教学视频，降低了地域差异对学生学习的影响，提高了教育公平性。

（5）节省课堂时间。翻转课堂将传统的讲授环节转移到课余时间，课堂时间可以用于开展更深入的讨论和实践，提高课堂利用率。

翻转课堂是一种具有创新性和实效性的教学模式，有利于提高教学质量、培养学生的自主学习能力、增强师生互动和提高教育公平。在我国，翻转课堂逐渐被越来越多的学校和教师接受和实践，成为了教育改革的重要方向。

3．工作坊式培训

工作坊式培训是一种以实践为导向，强调参与、互动和合作的学习方式。在教师培训中，工作坊式培训有助于提高教师的专业素养和教育教学能力，促进教师之间的交流与合作。以下是工作坊式培训的主要特点和实施步骤：

（1）实践导向。工作坊式培训关注教师在实际教育教学过程中的需求和问题，以解决实际问题为目标，强调实践性和操作性。

（2）互动与合作。工作坊式培训鼓励教师之间的互动与合作，通过小组讨论、案例分析、角色扮演等形式，共同探讨教育教学问题，分享经验和心得。

（3）参与式学习。工作坊式培训注重教师的参与和主动学习，教师在培训过程中积极参与，主动分享自己的观点和经验，提高学习效果。

（4）主题聚焦。工作坊式培训围绕特定的主题进行，如教学策略、课堂管理、学科知识拓展等。通过集中探讨某一主题，教师可以深入掌握相关知识和技能。

（5）导师辅导。在工作坊式培训中，通常会有专业的导师或专家参与，为教师提供有针对性的辅导和指导，帮助教师解决实际问题。

（6）反思与总结。工作坊式培训结束后，教师需要对培训过程进行反思和总结，分析自己的学习成果和不足之处，将所学知识应用到实际教育教学中。

工作坊式培训的优点：

（1）实践性强。工作坊式培训注重实际操作，有助于提高教师的教育教学能力。

（2）互动性高。教师之间的互动与合作有助于促进知识共享和经验交流，提高培训效果。

（3）参与度高。工作坊式培训鼓励教师积极参与，使学习过程更加生动有趣。

（4）针对性强。围绕特定主题进行培训，有助于解决教师在教育教学中的实际问题。

（5）灵活性高。工作坊式培训可以根据教师的需求和实际情况进行调整，满足个性化发展需求。

工作坊式培训是一种以实践为导向，注重互动与合作、参与式学习的教师培训模式。通过工作坊式培训，教师可以提高自己的专业素养和教育教学能力，为提高教育教学质量奠定基础。在我国，工作坊式培训逐渐被越来越多的学校和教师接受和实践，成为了教师培训的重要组成部分。

4. 教师联盟培训

教师联盟培训是一种组织教师相互学习、交流和合作的培训模式，旨在提高教师的专业素养和教育教学能力。教师联盟培训强调教师之间的资源共享、协同发展和互助合作，以促进教育教学改革和提高教育质量。以下是教师联盟培训的主要特点和实施步骤：

（1）联盟组织。教师联盟培训通常由多个学校、教育机构或教师团体共同组成，形成一个联盟。联盟成员之间相互合作，共同开展教师培训活动。

（2）资源共享。教师联盟培训强调资源共享，联盟成员之间可以共享优秀的教学资源、教学方法和教育教学经验，提高教师的教学水平。

（3）合作与交流。教师联盟培训鼓励教师之间的合作与交流，通过定期举办研讨会、座谈会等活动，共同探讨教育教学问题，分享心得和经验。

（4）协同发展。教师联盟培训关注教师个人的专业发展，为教师提供持续的学习和发展机会，帮助教师不断提高自身的教育教学能力。

（5）互助支持。教师联盟培训提倡成员之间的互助支持，教师在遇到问题时可以寻求其他成员的帮助，共同解决教育教学中的实际问题。

（6）定期培训。教师联盟培训通常定期举办，如每月、每季度或每年一次，确保教师能够持续地学习和成长。

（7）评估与反馈。教师联盟培训对教师的学习成果和教育教学改进进行评估和反馈，以便调整培训内容和策略，提高培训效果。

教师联盟培训的优点：

（1）资源共享。教师联盟培训有助于实现优秀教学资源的共享，提高教育教学水平。

（2）合作与交流。教师联盟培训鼓励教师之间的合作与交流，促进知识共享和经验传播。

（3）协同发展。教师联盟培训关注教师的专业发展，帮助教师不断提高自身能力。

（4）互助支持。教师联盟培训为教师提供互助支持，共同解决实际问题。

(5)定期培训。教师联盟培训确保教师能够持续地学习和成长,提高教育培训效果。

教师联盟培训是一种以合作、交流和合作为核心的教师培训模式,有助于提高教师的专业素养和教育教学能力。在我国,教师联盟培训逐渐受到重视,并在各地广泛开展,为提高教育教学质量奠定了基础。

5. 智能个性化培训

智能个性化培训是一种利用现代信息技术和人工智能技术,针对教师个性化需求进行培训的模式。这种培训方式充分挖掘教师的潜在需求,为教师提供定制化的学习内容和服务,以提高教师的专业素养和教育教学能力。以下是智能个性化培训的主要特点:

(1)个性化分析。通过大数据分析、人工智能等技术,对教师的教学行为、学习需求、兴趣爱好等方面进行个性化分析,以了解教师的实际需求。

(2)定制化学习内容。根据教师的个性化需求,为教师提供定制化的学习内容,如针对性的课程、讲座、研究报告等。

(3)智能推荐。利用人工智能技术,为教师推荐合适的学习资源、学习方式和课程,以提高教师的学习效果。

(4)灵活学习方式。智能个性化培训支持教师自主选择学习时间、地点和速度,满足教师个性化学习需求。

(5)互动与交流。通过在线平台、社交媒体等渠道,鼓励教师之间的互动与交流,分享教育教学经验和心得。

(6)实时反馈与评估。智能个性化培训可以实时收集教师的学习反馈,对教师的学习进度、成果和教育教学改进进行评估,为教师提供有针对性的建议。

(7)持续关注与发展。智能个性化培训关注教师的专业发展,为教师提供持续的学习机会和成长空间。

智能个性化培训的优点:

(1)个性化程度高。智能个性化培训充分挖掘教师的个性化需求,提供定制化的学习内容和服务。

(2)学习效果优化。通过智能推荐和灵活学习方式,提高教师的学习效果。

(3)互动与交流。智能个性化培训鼓励教师之间的互动与交流,促进知识共享和经验传播。

(4)实时反馈与评估。智能个性化培训可以实时收集教师的学习反馈,为教师提供有针对性的建议。

(5)持续关注与发展。智能个性化培训关注教师的专业发展,为教师提供持续的学习机会和成长空间。

智能个性化培训是一种针对教师个性化需求进行培训的模式，有助于提高教师的专业素养和教育教学能力。在我国，智能个性化培训逐渐受到重视，并在各地广泛开展，为提高教育教学质量奠定了基础。

6. 国际化培训

国际化培训是一种以提高教师的国际视野、跨文化交际能力和教育教学水平为目标的培训模式。这种培训方式旨在适应全球化背景下教育国际化的需求，培养具有国际竞争力的教师队伍。以下是国际化培训的主要特点和实施步骤：

（1）国际化视野。国际化培训关注国际教育发展趋势和教育理念，帮助教师树立全球教育观，提高国际竞争力。

（2）跨文化交际能力。培训教师具备跨文化交际的能力，了解不同国家和地区的文化背景，促进国际间的教育教学交流。

（3）外语能力。加强教师的外语能力培训，使其能够熟练运用外语进行教育教学，为国际交流和合作奠定基础。

（4）国际课程与教育理念。培训教师掌握国际课程标准和教学方法，如IB[①]、AP[②]等国际课程，提高教师的国际教育教学能力。

（5）国际化教学策略。教授教师国际化教学策略，如多元智能教学、项目式教学等，使教师能够更好地满足国际化教育需求。

（6）案例分析与实践。通过分析国际教育教学案例，让教师了解国际先进的教育理念和教学方法，提高自身教育教学水平。

（7）海外交流与考察。组织教师参加海外培训、研讨会、教育考察等活动，让教师亲身体验国际教育环境，拓展国际视野。

（8）国际合作与交流。促进国内教师与国际教师之间的合作与交流，共享教育教学资源和经验，提高教师的国际竞争力。

（9）定期评估与反馈。对教师的国际化培训过程进行定期评估，了解教师的学习成果和需求，调整培训内容和策略。

（10）专业发展。关注教师的专业发展，为教师提供持续的国际化学习机会和成长空间。

国际化培训的优点：

（1）提高教师的国际视野。国际化培训有助于扩大教师的国际视野，了解全球教育发展趋势。

（2）增强跨文化交际能力。国际化培训让教师具备跨文化交际能力，有助

---

① 即 IBDP（International Baccalaureate Diploma Programme）高中文凭课程。

② 即美国大学先修课程（Advanced Placement），主要适合计划在美国就读本科的高中生学习。

于国际间的教育教学交流。

（3）提升外语能力。国际化培训加强教师的外语能力，为教育教学的国际交流和合作奠定基础。

（4）提高国际教育教学能力。国际化培训让教师掌握国际课程标准和教学方法，提高国际教育教学能力。

（5）丰富教学策略。国际化培训教授教师国际化教学策略，使教师能够更好地满足国际化教育需求。

国际化培训是一种以提高教师国际视野和教育教学能力为目标的培训模式。在全球化背景下，国际化培训有助于培养具有国际竞争力的教师队伍，推动我国教育国际化的发展。

第3章 跟上系统思维的节奏

系统思维起源于20世纪中期的系统论，经过不断发展和演化，逐渐成为多个领域的关键概念。系统思维被认为是一种跨学科的认知工具，强调将问题看作相互关联的部分，而非孤立的元素。它关注整体性，旨在从整体和全局出发，从系统与要素、要素与要素、结构与功能，以及系统与环境的对立统一关系中，对研究对象进行考察、分析和研究，以得到最优化的处理与解决问题的科学方法。系统思维与传统的线性思维方式有着明显的区别。线性思维往往将问题简化为单一因果关系，忽视了复杂性和相互关系。而系统思维通过强调整体性、循环、反馈等原则，能够更好地捕捉问题的复杂性和多样性，从而提供更全面的分析和解决方案。波格丹诺夫认为，系统思维的最高境界不仅表现为人类对自然环境的有意识的控制，而且表现为对社会环境有意识的控制。因为实践和理论的一切任务就是组织形态学问题，即关于将现实的和理想的状况更加明晰地组织成为某一整体的方式方法。

一、系统思维大观园

（一）系统概念

《韦伯斯特新世界辞典》（*Webster's New World Dictionary*）称："系统是相互关系、相互联系着而形成一个统一体或一个组织整体的事物的集合分布。"国内外不同学派的不同学者强调系统特征的不同方面，给出不同的解释。系统论的奠基人之一路德维希·冯·贝塔朗菲（Ludwig von Bertalanffy）将系统描述为由相互作用的部分组成的整体，强调系统的整体性、动态性和目标导向性。软系统方法学的创始人之一彼得·切克兰德（Peter Checkland）将系统描述为一种抽象的概念，用于理解和解决现实世界中的复杂问题，并强调了系统思维在问题解决过程中的重要性。系统动力学的先驱之一德内拉·梅多斯（Donella Meadows）将系统描述为由相互作用的元素组成的整体，强调了系统中出现性质（emergent properties）和复杂性的重要性。计算机科学家和复杂系统研究者戴维·阿克利（David Ackley）将系统描述为由相互作用的组件组成的整体，强调了系统中的自组织性和适应性。这些学者的描述突出了系统概念的核心特征，包括整体性、相互作用、动态性和目标导向性，为我们理解和应用系统思维提供了重要的参考和指导。本书认为，系统是由相互关联的部分组成的整体，这些部分相互作用以实现某种共同的目标或功能。系统可以是物理系统（如机械系统、生态系统）、抽象系统（如信息系统、决策系统）或概念性系统（如思维模型、理论系统）等。从系统的常识概念和系统科学最新的发展来看，系统的要素包括以下六个方面：

1. 要素（Components/Elements）

系统思维将事物看作由多个要素组成的整体，这些要素相互关系和相互作用的总和，共同构成了系统内部相对稳定的组织形式和结合方式，也即系统的结构和功能。

2. 关系（Relationships）

要素之间存在各种相互关系，这些相互关系和相互作用所造成的约束，在形成结构中起着关键作用，它们影响着系统的运行和演化。反过来，形成的结构对元素的行为也起着关键的作用。也就是说关系比要素更重要。

3. 循环（Cycles/Feedback Loops）

系统中的反馈循环使得某些影响可以在系统内部不断传递，从而引起系统的变化和调整。

4. 边界（Boundaries）

系统与其周围环境有明确的边界，这些边界决定了哪些影响可以进入系统，哪些影响会离开系统。

5. 反馈（Feedback）

反馈原则指出系统内的信息回路可以影响系统的行为。正向反馈可能导致系统的放大和加速，而负向反馈有助于维持系统的平衡和稳定。

6. 功能（Functions）

功能是在系统与环境的相互关系中表现出来的系统总体的行为、特性、能力和作用的总称。

（二）系统思维

从20世纪初开始，系统思维作为一种新的思维方式出现在各门科学、工程技术和哲学等领域之中，多方面影响到人们的科学思维方式和科学发展。系统思维是一种关注事物间相互关系和相互影响的思考方式。它将事物看作由相互关联、相互影响的元素构成的复杂系统，而不是孤立的个体。系统思维强调事物的整体性、动态性和非线性，帮助人们更全面地理解事物的本质，从而更好地解决问题、做出决策和创新。

整体性、复杂性、动态性和非线性是系统思维的核心原理。

1. 整体性（Integrality）

系统思维的整体性是指在分析和解决问题时，把问题作为一个整体来对待，关注各个部分之间的相互关系和互动。整体性思维要求我们突破传统的局部思维，从全局的角度来思考问题。

具有整体性思维的人会在分析和解决问题时，不仅关注问题的表面现象，还会深入挖掘问题的本质、探究各个要素之间的联系，要去关注对象的整体结构、整体特性、整体状态、整体行为、整体功能。整体性思维有助于我们更好地理解复杂问题，提高我们的综合分析能力，从而制定出更有效、更全面的解决方案。

常言道："善弈者，谋势；善谋者，顾全局；不谋全局者，不足以谋一域。"在实际应用中，要掌握整体性思维，我们需要注意以下五点：

（1）研究整体。了解系统是由相互关联的要素组成的整体，研究作为一个整体的事物在与其他事物发生作用时所表现出来的特征，求得整体上的最优。

（2）关注部分与整体的关系。在解决问题时，要重视各个部分之间的联系，理解部分与整体之间的相互作用。

（3）采用系统分析方法。运用系统分析方法，有助于我们更好地理解整体性。这包括识别问题的边界、分析问题的组成部分、研究组成部分之间的相互关系、分析系统与环境的关系等，由此确定该整体与其他事物发生相互作用时的特征和演化规律。

（4）实践中锻炼整体性思维。在处理实际问题时，尝试从整体出发，关注部分与整体的关系，研究整体对局部的哪些特征功能进行了放大，从而提高解决问题的效果。

（5）将研究对象放到更大的系统加以研究。学习系统论、信息论、控制论等理论知识，从整体上理解相互作用，将研究对象放到更大的整体中加以研究，扩大思考的范围。

2. 复杂性（Complexity）

系统思维认识到许多问题和现象都是复杂的，需要考虑多个要素和关系，而不能简化为单一的原因或解决方案。复杂性指的是一个系统中要素之间的非线性关系和难以预测的行为。在复杂系统中，各要素之间的相互作用可能导致出乎意料的现象和难以解决的问题。

（1）系统的层次结构。复杂系统往往具有多层次的结构，系统因层次增多而复杂，包括从微观到宏观的不同层次。这些层次之间相互关联，低层次的现象和行为可能影响高层次的结构和功能。

（2）非线性关系。在复杂系统中，要素之间的相互作用通常表现为非线性关系，即个体之间相互影响不是简单的、被动的、单向的因果关系，而是各种反馈作用（包括正反馈和负反馈）交互影响的、相互缠绕的复杂关系。非线性关系意味着系统的行为不是各部分行为的简单叠加，而是会产生全新的现象和规律。特别是在于系统或环境的反复作用中，这一点更为明显。

（3）适应性。复杂系统具有适应性，即系统在面对外部环境和内部变化时，能够自我调整和演化。适应性使得复杂系统在面对不确定性时，具有一定的抗风险能力。

（4）多样性。复杂系统中的要素和关系具有多样性。这种多样性体现在生物、文化、技术等多个方面，使得系统具有丰富的内涵和广泛的关联。

（5）边界条件的影响。复杂系统的边界条件对其行为和性质具有重要影响。改变边界条件可能导致系统行为的显著变化，使得系统表现出强烈的敏感性。

（6）人为因素。复杂系统中往往涉及人为要素，包括政策、文化、价值观等。这些人为要素使得系统的行为和演化更加复杂和难以预测。

要理解复杂系统，我们需要采用复杂性科学的方法和思维，关注系统的整体性、动态性、多样性等特点。同时，我们需要认识到复杂性是一种客观现象，关注其行为的非线性特征。通过深入研究复杂系统，我们可以更好地把握系统的规律，为解决问题和实现创新提供有益启示。

总之，理解系统的复杂性需要我们从多个维度去观察、分析和探究系统的结构、关系和行为。在这个过程中，我们需要运用复杂性科学的方法和思维，以便更好地认识和应对复杂系统的挑战。

3. 动态性（Dynamics）

系统是不断变化和演化的，因此需要考虑时间因素，理解事物的发展过程和趋势。在系统思维中，动态性指的是系统中的要素和关系随时间发生变化的过程。理解系统思维中的动态性，有助于我们更好地把握系统的演化规律，预测系统在不同时间点的状态。要理解动态性，我们可以从以下六个方面来认识：

（1）变化性。动态性体现在系统中的要素和关系随时间发生变化。这些变化可能是连续的，也可能是离散的；可能是缓慢的，也可能是剧烈的。

（2）因果关系。在动态系统中，当前的状态往往决定了未来的状态。了解因果关系有助于我们分析系统演化的规律，从而预测未来的发展趋势。

（3）反馈机制。动态系统中往往存在反馈机制，即系统中的某些现象或行为会对其他现象或行为产生影响。反馈机制可能是正面的，也可能是负面的。正反馈会加剧系统的变化，而负反馈会抑制系统的变化。

（4）随机性和不确定性。动态系统中，随机性和不确定性是普遍存在的。

这使得系统的行为和演化具有很强的不可预测性，给我们的分析和预测带来挑战。

（5）适应性。在动态环境中，系统需要适应外部条件和内部变化。适应性使得系统能够在不同的时间和条件下表现出不同的特征和行为。

（6）级联效应。在动态系统中，一个小部分发生变化可能导致另一个部分发生变化，从而引发级联效应。级联效应可能导致系统行为的突然转折或大幅度变化。

要把握动态性，我们需要采用动态的观点来观察、分析和预测系统的行为和演化。在这个过程中，我们需要关注系统中的变化性、因果关系、反馈机制等方面，并充分考虑系统的随机性、不确定性和适应性等因素。

此外，我们还需要掌握系统思维的方法，例如运用数学模型、模拟和实验等手段来研究动态系统。通过深入了解动态性，我们可以更好地应对复杂系统中难以预测的挑战，为解决问题和实现创新提供有益启示。

总之，理解系统思维中的动态性意味着我们要从变化的角度去审视系统，关注系统中的因果关系、反馈机制和级联效应等。这将有助于我们更好地把握系统的演化规律，应对复杂环境中的挑战。

4. 非线性（Non-linearity）

系统中的因果关系并非总是呈线性关系，小的变化可能引起大的效应，产生非预期的结果。在系统思维中，非线性指的是系统中的要素之间相互关系的不规律性和难以预测性。相较于线性关系，非线性关系表现出更大的复杂性和多样性。要理解非线性，我们可以从以下六个方面来认识：

（1）非线性关系。非线性关系意味着系统中的要素之间的相互作用不是简单的比例关系，而是会生成新的特性或规律。在非线性系统中，输入和输出之间不存在固定的比例关系，使得系统的行为具有难以预测的特点。

（2）蝴蝶效应。初始条件极细微的变化随着时间的推移会显著地影响系统的宏观行为，反映在状态空间中表现为非线性系统中，外来的随机因素可能对系统的状态、结构和行为方式产生巨大的影响。这种现象被称为蝴蝶效应，揭示了系统中的非线性关系可能导致难以预料的结果。

（3）自组织。在非线性系统中，系统内的要素之间可能出现自组织现象。自组织是指系统在相互作用的过程中，自发地形成有序结构或规律，它是在不需要外界环境和其他外界系统的干预或控制下进行的。这种现象在生物、社会和经济等领域都有体现。

（4）分形。非线性关系还表现为系统在不同尺度上的结构相似性。分形是指系统在不同的空间和时间尺度上具有相似的结构和功能，每一组成在特征上都和整体相似。也就是说，子系统和系统相似，这种现象在自然界和人工系统中都存在。

（5）非线性方程。在非线性系统中，描述系统行为的关系往往是非线性的方程。非线性方程的求解往往较为复杂，需要采用特殊的数学方法和技巧。

（6）系统稳定性。在非线性系统中，系统的稳定性呈现出更为复杂的特点。系统的稳定性可能受到内部和外部因素的影响，需要在分析和研究中充分考虑。

要理解系统思维中的非线性，我们需要采用非线性的观点观察和分析系统。在这个过程中，我们要关注非线性关系、蝴蝶效应、自组织等方面，并认识到非线性关系在不同尺度上的表现。

此外，我们还需要掌握非线性系统的分析方法，如分岔分析、混沌分析、协同学等。通过深入了解非线性，我们可以更好地应对复杂系统中难以预测的挑战，为解决问题和实现创新提供有益启示。

总之，理解系统思维中的非线性意味着我们要跳出线性思维框架，关注系统中的非线性关系、蝴蝶效应、自组织等特点。这将有助于我们更好地把握系统的复杂性，应对现实中的各种挑战。

（三）系统方法

系统思维作为一种思想框架，以理念的形态、整体的方式指导人们处理复杂的认识对象，形式化和体系化了的系统思维产生系统理论，系统理论被其他学科应用于发展具体科学层面的系统理论，最终这些理论又促进了系统思维和系统科学的发展。系统思维通过将其理念和方法论应用于现实世界的有关领域进行实践，这种系统实践有助于提高该领域问题解决的有效性，反过来又促进系统思维和系统科学的发展。

系统思维的核心在于将复杂事物视作一个整体，通过分析事物要素之间的关系和影响，揭示隐藏在其表面之下的模式和规律。它有助于突破传统的单一因果思维，帮助我们更全面地看待问题，找到更具洞察力的解决方案，推动创新的发展。无论在个人生活还是职业领域，系统思维都能够帮助我们更好地应对复杂性挑战，做出更明智的决策。

1. 发展系统思维的方法

（1）学习与实践。阅读有关系统思维的书籍、文章和研究报告，了解其基本概念、理论和方法。同时，要将系统思维应用于实际问题中，通过实践不断积累经验和加深理解。

（2）跨学科交流。参加有关系统思维的课程、研讨会和论坛，与其他领域的专家和学者进行交流和合作，以拓宽视野和丰富知识体系。

（3）掌握系统思维的基本方法。学习并熟练运用系统思维的基本方法，如整体法、结构法、要素法、功能法等。这些方法有助于从不同角度对问题进行全面的分析和解决。

（4）提升逻辑抽象能力。加强逻辑思维训练，提高抽象能力和概括能力。这有助于在复杂情况下找到问题的关键要素和内在联系。

（5）培养创新意识。鼓励创新思维，敢于挑战传统的思维模式和方法。创新意识有助于发现新的问题和解决方案。

（6）学会运用数学模型和计算机模拟。学习数学建模和计算机模拟方法，借助现代科技手段分析复杂系统。这有助于提高分析问题的准确性和预测能力。

（7）关注实际问题。关注社会、经济、自然等领域的实际问题，将系统思维应用于解决现实中的难题。这有助于提高系统思维的实用性和价值。

（8）反思和总结。在实践和学习过程中，要不断反思和总结经验，批判性地分析自己的思维方法和成果，以促进思维的成长和提升。

（9）培养团队协作精神。学会与他人合作，共同解决问题。团队协作有助于集思广益，提高系统思维的质量和水平。

（10）持续学习和积累。系统思维是一种不断发展和完善的思维方式，要保持持续学习和积累的态度，关注最新的理论动态和实践成果，不断提高自己的思维水平。

2. 提升系统思维能力、掌握系统方法的工具

（1）系统图（System Diagram 或 System Map）。系统图是一种用于表示复杂系统中元素、关系和循环的图形化工具，它有助于可视化系统的结构和运行方式，使人们更容易理解系统的整体特征和内在联系。使用图形来表示系统中的元素、关系和循环，帮助可视化复杂系统的结构和运行方式。

系统图的主要特点和组成部分，如图 3-1 所示。从图中可以清晰地看到系统整体以及子系统间的关系。

①元素。系统图中的元素代表系统的基本组成部分。这些元素可以是实物、概念、过程或行为等，根据具体系统的特点来确定。

②关系。关系表示元素之间的相互作用和连接。关系可以是直接的或间接的、正向或负向的，它们揭示了系统中的因果链和影响路径。

③循环。循环是指系统中的某个元素或一组元素相互关联，形成一个闭合的结构。循环可以是正反馈或负反馈，它们对系统的稳定性和动态性具有重要影响。

④箭头。箭头表示关系的方向，它们指明了因果链或影响路径的流向。箭头可以分为正向箭头（表示积极影响）和负向箭头（表示负面影响）。

⑤节点。节点是元素和关系交汇的地方，它们表示系统中的关键环节。节点可以是系统的转换点、决策点或控制点等。

⑥标注。系统图中还可以添加标注，以解释元素、关系和循环的含义、性质和特征。标注可以是文字、数值、颜色等，有助于提高图形的表达力和清晰度。

图 3-1　系统图示例

通过绘制系统图，我们可以更直观地了解系统中的元素、关系和循环，揭示系统结构和运行机制。这有助于我们分析系统的稳定性、动态性和潜在风险，为优化和改进系统提供依据。

系统图在多个领域都有应用，如工程、管理、生态、社会科学等。在这些领域中，系统图作为一种可视化工具，可以帮助人们更好地理解和解决复杂问题，提高系统的效率和可持续性。

（2）因果图（Causal Loop Diagram 或 Cause and Effect Map）。因果图是一种图形化工具，用于描绘系统中的因果关系，显示各个因素之间的影响链条，帮助分析问题的根本原因（如图 3-2）。因果图主要由以下几个部分组成：

①结果。因果图的最上层通常表示系统的结果或目标，如质量、性能、安全等。结果是因果图的核心，其他因素和关系都是为了实现这些目标而存在的。

②原因。因果图的下一层是导致结果的原因，这些原因是导致结果发生的直

接和间接因素。原因可以分为多个层次,从具体的因素到抽象的概念。

③箭头。箭头表示原因与结果之间的因果关系。箭头指向结果,表示原因对结果的影响。正向箭头表示正面影响,负向箭头表示负面影响。

④关联线。因果图中的关联线用于表示原因之间的相互关系。关联线可以帮助我们了解各个原因之间的联系,以及它们在问题发生过程中的作用。

⑤标注。因果图还可以添加标注,以解释原因、结果和箭头的含义、性质和特征。标注可以是文字、颜色、数字等,有助于提高图形的表达力和清晰度。

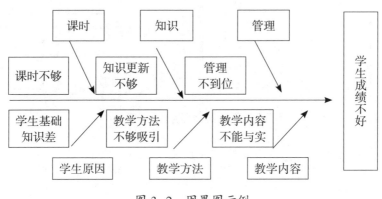

图 3-2　因果图示例

通过绘制因果图,我们可以直观地展示系统中的因果关系,找出问题的根本原因,从而为解决问题提供依据。因果图在质量改进、问题分析、风险管理等领域具有广泛的应用价值。

绘制因果图的方法如下:

①确定目标。明确因果图要分析的问题或目标,将其作为因果图的顶层。

②列出原因。根据问题或目标,找出可能导致其发生的原因,并将其列出。

③确定因果关系。分析原因之间的相互关系,以及它们与结果之间的因果关系,用箭头表示。

④绘制关联线。在原因之间添加关联线,表示它们之间的相互作用。

⑤添加标注。根据需要,为因果图中的元素添加标注,以提高图形的表达力和清晰度。

⑥分析结果。通过分析因果图,找出问题的根本原因,制定相应的改进措施。

通过以上步骤,我们可以绘制出清晰的因果图,帮助我们对问题进行深入分析,找出根本原因,并为改进和解决问题提供指导。

(3)故事模型(Storytelling)。故事模型是一种通过讲述一个故事来描述系统的变化过程的方法，它有助于理解系统中各个要素之间的相互作用。故事模型以叙事体（narrative）的形式展现系统的动态行为，通过情节、角色和场景等方面的设定，揭示系统中的关键事件、转折点和影响因素。其主要组成部分包括：

①起始状态。故事模型开始时，需要设定一个系统的起始状态，包括系统中的各个要素、它们之间的关系和初始条件。

②关键事件。故事模型中的关键事件是导致系统发生变化的重要节点。这些事件可以是突发事件、计划内的行动或外部影响等，它们对系统的状态产生显著影响。

③转折点。转折点是故事模型中体现系统变化趋势的关键点。转折点通常反映了系统中各个要素之间的相互作用和竞争关系，它们可以帮助我们理解系统的稳定性和动态性。

④影响因素。故事模型要分析系统中各个要素之间的相互影响，包括直接和间接影响、正面和负面影响等。影响因素可以是内部的，也可以是外部的。

⑤结果和结局。故事模型的结局反映了系统在经历一系列变化后的最终状态。结局可以是成功的、失败的或部分成功的，它取决于系统中的各个要素如何相互作用和应对关键事件。

⑥角色。故事模型中的角色代表了系统中的各个要素，它们在故事中具有不同的行为和策略。角色之间的互动和冲突揭示了系统中的权力关系、利益诉求和合作与竞争态势。

通过故事模型，我们可以更直观地了解系统中要素之间的相互作用，分析系统在不同情境下的动态行为，从而为改进和优化系统提供依据。故事模型在管理、策划、教育、社会科学等领域具有广泛的应用价值。

绘制故事模型的一般步骤如下：

①确定研究对象。明确故事模型所要描述的系统或问题。

②收集信息。了解系统中的各个要素、关系、关键事件和影响因素等。

③编写故事大纲。根据收集的信息，编写一个简短的故事大纲，描述系统的起始状态、关键事件、转折点、影响因素和结局等。

④分析角色和关系。在故事大纲的基础上，分析各个角色之间的相互作用和关系，包括合作、竞争、冲突等。

⑤绘制故事模型。根据故事大纲和角色关系，绘制故事模型图表，可以使用时间线、流程图等形式。

⑥评估和优化。通过分析故事模型，评估系统在不同情境下的动态行为，找出潜在问题和改进空间，为优化和调整系统提供指导。

通过以上步骤，我们可以创建一个清晰的故事模型，帮助我们从动态和交互的角度理解系统中的关键事件、转折点和影响因素，为改进和优化系统提供依据。

（4）系统模拟（System Simulation）。系统模拟是一种利用计算机模拟工具模拟系统的运行，测试不同的假设和决策对系统影响的方法。通过对系统进行模拟，可以帮助我们预测和评估系统在不同条件下的行为和性能，为优化和调整系统提供依据。

系统模拟的主要步骤如下：

①确定目标。明确系统模拟的目的和目标，如评估系统性能、测试决策效果等。

②分析系统。对系统进行深入分析，了解系统的基本组成部分、要素之间的相互关系和作用机制。

③选择模拟工具。根据系统特点和需求，选择合适的计算机模拟工具，如系统动力学（System Dynamics）模型、蒙特卡洛（Monte Carlo）模拟、离散事件模拟（Discrete Event Simulation）等。

④建立模型。根据系统分析和模拟工具的要求，建立系统的数学模型或计算机程序，描述系统中的要素、关系和作用机制。

⑤输入数据。为模拟提供必要的数据，包括系统初始状态、参数值、外部影响等。

⑥运行模拟。利用计算机模拟工具，按照预定的条件和假设运行系统模型，生成模拟结果。

⑦分析结果。对模拟结果进行分析，提取有关系统性能、稳定性和潜在问题的信息。

⑧评估决策。根据模拟结果，评估不同的决策和策略对系统的影响，为改进和优化系统提供依据。

⑨迭代优化。根据模拟结果和分析，对系统模型和决策进行迭代优化，直至得到满意的解决方案。

⑩应用和实践。将优化后的系统模型和决策应用于实际问题，验证模拟结果的有效性。

系统模拟在多个领域具有广泛的应用，如企业管理、项目管理、城市规划、生态系统管理、公共卫生等。通过系统模拟，我们可以预测和评估系统在不同条件下的行为和性能，为制定决策和改进策略提供科学依据。同时，系统模拟可以帮助我们发现系统中的潜在问题和风险，提高系统的稳定性和可持续发展能力。

二、超越培训范式之变革

培训、指导和教育是触发学习行为的手段，其唯一目标就是让人学习。培训者的任务不是传送信息，而是改变学习者，至关重要的是培训者采用何种互动形式改变学习者。

（一）传统教师培训范式的特点

传统教师培训范式通常基于一些常见的模式和方法，这些模式在教育领域中被广泛应用。以下是一些传统教师培训范式的特点：

1. 专家授课

这是最常见的传统培训方式，由专家或有经验的教育者向教师传授知识。培训内容通常呈现为讲座或演示的形式。传统培训强调知识和技能的传授，以填补教师的知识空缺。

2. 研讨会和研讨小组

教师参加会议、研讨会或小组讨论，与其他教师分享教学经验、最佳实践和教育方法。

3. 案例分析

通过分析真实或虚拟的教学案例，教师学习如何应对不同情况，借鉴成功的经验，避免失败的策略。

4. 教育科技培训

帮助教师掌握使用教育科技工具、软件和在线平台的技能，以增强教学效果。

5. 观摩和导师制

教师观摩其他教师的课堂，或者与经验丰富的教师建立导师关系，获得指导和反馈。

6. 课程研发和教材设计

培训教师如何设计课程、编写教材，以满足教学目标和学生需求。

7. 考核和认证

通过考试、评估或认证来验证教师的培训成果，确保他们达到一定的标准。

8. 继续教育

教师定期参加培训课程，以更新知识、掌握最新的教学方法和教育研究成果。

（二）建构系统模式颠覆传统范式

教师培训是教育体系中的关键环节，但传统培训模式往往无法满足现代教育的多样化需求。建构系统模式作为一种新颖的教育方法，能够打破传统范式，提供适应性、综合性更强的教师培训。

1. 建构系统模式

什么是建构系统模式？建构系统模式（Constructing System Model）是一种通过创建和应用系统模型来理解和管理复杂系统的方法。建构系统模式的目标是揭示系统内部各要素之间的相互关系和作用机制，以便更好地预测系统在不同条件下的行为和性能。建构系统模式强调将学习者置于真实情境中，通过实际经验的积累来建构知识和能力。它注重整体性思考，将知识、技能、情感融合在一起，同时强调互动和合作。

其主要步骤如下：

（1）确定研究对象。明确要分析和改进的系统或问题。

（2）收集信息。了解系统的基本组成部分、要素之间的相互关系、影响因素和现有问题等。

（3）确定目标。明确建构系统模式的目的和目标，如优化系统性能、提高稳定性、降低风险等。

（4）选择模型类型。根据系统特点和需求，选择合适的模型类型，如系统动力学模型、概率论模型、网络分析模型等。

（5）建立模型。根据系统分析和模型类型，构建数学模型或计算机程序，描述系统中的要素、关系和作用机制。

（6）确定参数和边界条件。为模型提供必要的数据，包括系统初始状态、参数值、外部影响等。

（7）运行模型。应用计算机模拟工具，按照预定的条件和假设运行系统模型，生成模拟结果。

（8）分析结果。对模拟结果进行分析，提取有关系统性能、稳定性和潜在问题的信息。

（9）评估决策。根据模拟结果，评估不同的决策和策略对系统的影响，为改进和优化系统提供依据。

（10）迭代优化。根据模拟结果和分析，对系统模型和决策进行迭代优化，直至达到满意的解决方案。

（11）应用和实践。将优化后的系统模型和决策应用于实际问题，验证模拟结果的有效性。

2. 建构系统模式中培训师的角色定位

建构系统模式在企业管理、项目管理、城市规划、生态系统管理、公共卫生等领域具有广泛的应用价值。通过建构系统模式，我们可以更好地理解复杂系统的内部关系和动态行为，为制定决策和改进策略提供科学依据。同时，这有助于我们发现系统中的潜在问题和风险，提高系统的稳定性和可持续发展能力。

（1）从专家到合作者。传统培训中，专家通常是知识的主要源头。在建构系统模式中，教师和培训师的角色发生了明显的变化。培训师从传统的知识传授者转变为与教师学员共同探索问题和解决方案的合作伙伴。这种转变体现了建构主义教育理念在培训领域的应用，强调学员的主体地位和培训师与学员之间的互动合作。以下是建构系统模式中教师和培训师角色的具体体现：

①引导者。教师和培训师在建构系统模式中担任引导者角色，引导学员探索问题、发现规律、解决问题。他们通过提出启发性问题、提供资源和案例，帮助学员建立起对复杂系统的认识。

②协助者。教师和培训师在学员建构系统模型过程中提供协助，帮助他们解决遇到的问题和困难。他们与学员共同分析系统、设计模型、评估结果，确保学员能够顺利地完成建构过程。

③合作伙伴。教师和培训师与学员建立平等的合作关系，共同探讨问题解决方案。他们鼓励学员提出创新性想法，帮助学员分析和改进模型，确保培训目标的实现。

④反思促进者。教师和培训师在培训过程中，引导学员进行反思，帮助他们认识自己的优点和不足，提高培训效果。他们鼓励学员从不同角度审视问题，培养学员的批判性思维能力。

⑤评价者。教师和培训师负责对学员在建构系统模式过程中的表现进行评价。他们关注学员在团队协作、问题解决和模型建构等方面的能力，为学员提供反馈和建议。

在建构系统模式的培训中，教师和培训师与学员建立紧密的合作关系，有利于提高学员的主动性和创造性，培养他们解决实际问题的能力。这种培训模式有助于将学到的知识和技能应用于实际工作，提高工作效率和职业素养。同时，这种合作模式也有利于教师和培训师自身能力的提升，使他们更好地适应教育发展的需求。

（2）从知识传递到知识建构。建构系统模式中的培训内容确实不同于传统的知识传递，它更注重学员通过实际操作和探索来建构新的知识和理解。这种培训模式强调学员的主体地位，鼓励他们积极参与，从实际经验和操作中总结规律，形成自己的知识体系。以下是建构系统模式中培训内容的主要特点：

①实践导向。培训内容以实际问题和场景为基础，引导学员通过实践探索来建构知识。实践环节包括案例分析、模型建构、团队讨论等，旨在培养学员解决实际问题的能力。

②互动性强。培训过程中，教师和培训师与学员之间以及学员之间的互动交流频繁，有助于激发学员的思考和创新能力。互动环节包括问题讨论、经验分享、小组合作等，有助于加深学员对知识的理解和应用。

③自主学习。建构系统模式鼓励学员自主学习，教师和培训师仅作为引导者和协助者，帮助学员解决实际问题和困难。这种学习方式有助于培养学员的独立思考和自主学习能力。

④反思与总结。培训过程中，学员需要对实践环节进行反思和总结，分析自己的优点和不足，以便在实际工作中更好地应用所学知识。反思与总结环节有助于提高学员的认识水平和批判性思维能力。

⑤团队协作。建构系统模式的培训通常以团队形式进行，学员需要在团队中分工合作，共同完成任务。这种团队协作方式有助于培养学员的团队协作能力和沟通技巧。

⑥持续改进。培训结束后，学员需要将所学知识和技能应用于实际工作，不断总结经验，进行持续改进。这种培训方式有助于提高学员的工作效率和职业素养。

总之，在建构系统模式的培训中，学员通过实际操作和探索，从中建构新的知识和理解。这种培训内容注重实践性、互动性和自主性，有助于培养学员的解决问题的能力、创新能力和自主学习能力。在实际工作中，这种培训方式有助于提高学员的工作效率和职业素养，为组织的发展贡献力量。

（3）从孤立学习到社交学习。建构系统模式强调学员之间的互动和合作，认为学习是一个社会建构的过程。在这种模式下，学员通过小组讨论、项目合作等方式，共享知识和资源，共同建构新的知识和理解。以下是建构系统模式中鼓励学员互动和合作的一些方法：

①小组讨论。建构系统模式强调，学员作为系统中的个体能根据接收到的信息和自身的状态自主地进行"反应"或者"学习"，并且向其他学习者发送消息。在这种观念指导下，将学员进行分组，针对特定问题或主题进行讨论。小组讨论有助于激发学员的思考，促进观点交流和知识共享。

②项目合作。个体之间的合作有助于产生创新性的思维结果，通过合作，学员充分发挥个人和群体创造性，是建构系统模式充分发挥成员优势的要求，是理解群体智慧的关键。应充分组织学员共同参与项目，分工合作，共同完成任务。项目合作可以让学员在实际操作中相互学习、交流，提高团队协作能力。

③案例分析。提供实际案例，引导学员进行分析、讨论和总结。通过案例分析，学员可以结合自己的经验和知识，共同探讨问题的解决方案。在案例分析的过程中，学员可以结合自己的经验和知识，对本次培训活动进行深入分析和讨论。学员可以分组进行讨论，分享自己在信息技术应用方面的经验和心得，探讨如何更好地将信息技术融入教学中。同时，学员也可以针对案例中的优点和不足之处提出自己的看法和建议，共同探讨问题的解决方案。通过学员的参与和讨论，可以进一步丰富和完善案例分析的内容，为今后的教师培训活动提供有益的参考和借鉴。

④角色扮演。让学员扮演不同角色，模拟实际场景，进行互动和合作。角色扮演可以让学员更好地理解知识，提高解决问题的能力。在教育领域，角色扮演常用于帮助学生理解历史人物、文学作品中的角色，或者模拟职业场景，如法庭辩论、商务谈判等。通过这种方式，学生可以在模拟的环境中实践和学习，提高他们的沟通能力、问题解决能力和批判性思维。

⑤头脑风暴。就系统自身看，整体突现性主要是由它的组成部分按照系统的结构方式相互作用、相互补充、相互制约激发出来的，是一种组成部分之间的相干效应。典型例子是在头脑风暴法中鼓励学员们自由表达观点和想法，不同学员按照不同的思维模式，相互激发出不同的见解、想法、观点。头脑风暴可以帮助学员拓宽思路，激发创新思维。

⑥知识共享。鼓励学员在培训过程中分享自己的知识和经验，促进整个团队的知识积累和共同成长。通过以知识共享为基础的深层次对话，配合讨论，使每个人的思考接受公开检验，不仅扩大学员认识复杂问题的共同意义的聚汇，而且使隐性知识转化为显性知识。

⑦团队反思。在项目完成后，团队应进行全面的反思。在这样一个平等信任且有安全感的开放交互环境中，能进一步凝聚群体力量推进对复杂问题的认识。通过团队反思，学员可以共同分析项目的优点和不足，为今后的学习和工作提供借鉴。

⑧评价与反馈。对学员在互动和合作过程中的表现进行评价和反馈，鼓励他们继续努力，提高自己的能力。

在鼓励学员互动和合作的过程中，教师和培训师需要注意以下五点：

a. 营造良好氛围。为了实现反思式开放讨论和深层次的有效对话，需要创造一个宽松、民主、安全的互动环境，让学员敢于表达自己的想法。

b. 指导与协助。系统元素之间的关系并不是杂乱无章的，而是按照一定的规则组织起来的。也就是说，如果对事物进行有秩序、富有成效的管理，能够更好地达到预期目的与效果。在学员互动和合作过程中，教师和培训师要发挥指导者和协助者的角色，确保互动与合作的秩序，帮助学员解决实际问题和困难，引导学员朝着实现共同目标的方向前进。

c. 平等参与。教师和培训师要平等参与学员的互动和合作，尊重学员的意见和建议，与学员共同学习。

d. 关注个体差异。如果一个系统包含了不同类型或功能的元素，那么元素之间可能存在不同类型或强度的相互作用，这些相互作用会使得系统表现出多样化和异质化。也就是说，个体差异是合作与互动的必要前提。要注意与尊重学员之间的个体差异，给予每个学员个性化关怀和支持，确保他们在互动和合作中都能取得进步。

e. 有效引导。系统的复杂性要求我们在系统创新时制定出明确要达到的目标，将潜在的目标明确化。库尔特·勒温（Kurt Lewin）指出，群体的本质是成员之间存在由共同目标创造的相互依存关系，这使得群体处于动态状态。在互动和合作过程中，教师和培训师要善于引导学员，确保学员的学习方向和目标。

（4）从被动学习到主动学习。在建构系统模式中，学员的角色发生了显著变化。他们从被动的知识接受者转变为自主学习的主体，通过实践和反思不断调整自己的学习路径。这种转变体现了建构主义教育理念在培训领域的应用，强调学员的主体地位和主动参与。以下是建构系统模式中学员角色的具体体现：

①自主学习者。在建构系统模式的培训中，学员需要主动参与学习过程，自主探索问题和解决方案。他们通过实践、观察和反思，不断调整自己的学习策略和路径，以建构新的知识和理解。

②实践者。学员在建构系统模式中，需要将理论知识应用于实际操作和实践环节。通过实际操作，学员可以加深对知识的理解，培养解决实际问题的能力。

③反思者。在建构系统模式的培训过程中，学员需要对实践环节进行反思和总结。他们要从自身经验和行为中分析优点和不足，以便在实际工作中更好地应用所学知识。

④合作者。建构系统模式的培训通常以团队形式进行，学员需要在团队中分工合作，共同完成任务。这种团队协作方式有助于培养学员的团队协作能力和沟通技巧。

⑤持续改进者。培训结束后，学员需要将所学知识和技能应用于实际工作，并不断进行持续改进。这种培训方式有助于提高学员的工作效率和职业素养。

⑥创新者。在建构系统模式的培训中，学员需要勇于尝试创新性想法和解决

方案。这种培训环境有助于培养学员的创新思维和批判性思维能力。

总之，在建构系统模式的培训中，学员成为自主学习的主体，通过实践和反思不断调整自己的学习路径。这种培训方式有助于激发学员的潜能，培养他们的创新能力和实际操作能力，从而提高工作效率和职业素养。同时，这种培训模式也有利于培养学员的团队协作能力和沟通技巧，为组织的发展贡献力量。

（三）建构系统模式在教师培训中的应用

1. 项目式学习

项目式学习（Project-Based Learning，PBL）是一种以解决实际问题为目标，跨学科、强调教师主体地位、公开展示成果的教学方法。基于具体教育情境，培训师通过参与项目式学习，探索问题并提出解决方案，从中建构实际教学经验。通过项目式学习，教师可以掌握学术技能和知识，培养未来成功所需的技能，应对生活和社会的挑战。

为了更好地开展项目式学习，需要遵循以下七个关键步骤：

（1）确定项目主题。在研究问题时，我们必须有考虑问题的基本出发点。选择具有现实意义和挑战性的主题，涵盖多学科知识，确保教师可以在解决问题的过程中充分发挥创造力。

（2）制定项目目标。按照复杂系统的研究出发点，我们在进行创造时，尽可能设定一个整体性目标，而这个系统的目标可以加以更为明确的规定。明确项目的学术和技能目标，确保教师可以掌握所需的知识和技能。

（3）引导教师参与。作为一个具有紧密联系的整体，某一个体的变化必然引起其他个体的变化，在参与中学术能够与环境以及其他学习者发生相互作用，并在这种持续的相互作用过程中，不断地"学习"或"积累经验"。鼓励教师积极参与项目，发挥主体作用，培训师的角色从传授知识转变为引导和协助教师解决问题。

（4）设计项目实施方案。所谓的系统方法，实际上是一种优化方案：每一个问题都有具体的解决目标，为此我们选择达到目标的一条途径，按照各种指标、参数（因素）进行综合评估，于其中选择一条最佳者，实施并加以监控、修正，最后达到目标。根据项目主题和目标，为教师提供充足的资源和指导，确保项目可以顺利进行。

（5）开展项目活动。项目或项目集均是存在于其他系统中的系统，通过组件的连接相互依存，项目整体规划与统筹要遵循系统思维。教师按照实施方案开展项目活动，培训师在此过程中提供必要的支持和指导。

（6）公开展示成果。成果展示是个体经验、信息交换的重要形式，项目完成后，教师以多种形式展示成果，分享学习经验和收获。

（7）评价与回顾。布莱恩·阿瑟（Brian Arthur）认为："在现实世界里，最终结果不是碰巧发生的，而是积累而来的，是一个个小小的机会被正反馈扩大而来的。"因此，应随时追踪变化，在某一事件结束后加强反思，及时进行反馈性修正，而评价和回顾又为反馈性修正提供了契机。培训师组织评价和回顾活动，引导教师反思项目过程，总结经验，对教师的学习成果进行评价。（如图3-3）

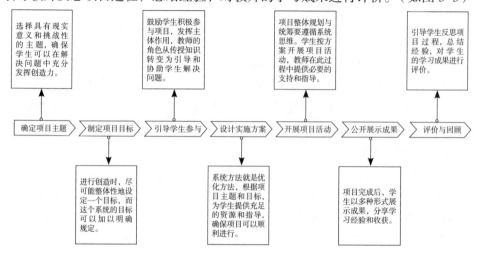

图 3-3　项目式学习步骤

在开展项目式学习时，还可以注意以下五点：

（1）结合校情和学情。根据学校和教师实际情况，设计具有针对性的项目式学习课程。

（2）跨学科整合。充分发挥各学科的优势，实现学科间的知识融合，提高项目的综合性。

（3）教师培训与协作。加强教师培训，提高教师开展项目式学习的能力，鼓励教师之间的协作与交流。

（4）创设良好学习环境。为教师提供充足的学习资源和空间，鼓励教师勇于尝试和创新。

（5）注重教师个性化发展。关注教师的兴趣和特长，尊重教师的个性和选择，让每个教师都能在项目中找到自己的位置。

2. 合作社区

创建教师培训的合作社区是一个很好的方式，可以让教师在学习、交流和合作中共同成长。在这个社区中，教师可以分享经验、交流观点，共同建构知识。以下是一些建议，以帮助创建合作社区：

（1）确定合作社区的目标。目标是判断系统组织水平的重要标准，系统组织性越强，自我调节能力越高，目标越具有自觉性和超前性。目标方向正确，符合实际，具有实现目标的主客观条件，才能进一步制订出实现目标的周密计划，激发出个体的主动精神。要明确社区存在的目的，例如，提高教师的专业素养、促进教学方法的创新、解决教育教学中的实际问题等。

（2）设立明确的规章制度。系统中的组成单元具有独立决策的能力，但也要在"游戏规则"的约束下行动，使各项工作能相互协调、有秩序地进行。为了保证社区的有序运行，需要设立一套明确的规章制度。这些规定应包括成员行为规范、知识分享规范、互动交流规范等。

（3）搭建线上平台。线上平台为个体与环境之间，个体与个体相互之间物质、能量和信息的交互扩宽了通道，可以利用互联网技术，搭建一个便捷、易用的线上交流平台。交流平台上可以选择论坛、博客、微信群、QQ群等，以便教师随时随地分享和交流。

（4）组织线下活动。定期组织线下活动，如研讨会、工作坊、专题讲座等。线下活动可以让教师面对面交流，增进彼此的了解和信任。

（5）鼓励知识共享。在生物界，共生现象越来越多地被重视。因此，鼓励教师在社区中分享自己的教学经验、教育心得和学术成果，有助于提高整个社区的知识水平，促进成员的共同成长。

（6）建立激励机制。激励机制是系统的负反馈，也是信息的放大机制，有利于保证系统正常运行和系统目标的实现。为了激发教师的积极性和参与度，可以设立一些激励机制，如优秀成员表彰、知识贡献奖励等。

（7）加强合作与协作。协调与合作之所以成为事物运动发展的动力，在于它促使各子系统之间发生耦合，产生了相干效应。要鼓励教师在社区中寻求合作伙伴，共同开展教育教学研究、项目合作等。合作与协作可以帮助教师拓宽视野，提高自己的能力。

（8）持续关注教师需求。在系统中个体的属性可能差异很大，正因为这一点，使得对系统中个体的差异性关注变得更加重要，要关注教师在社区中的需求和反馈，不断优化社区建设，确保社区始终符合教师的实际需求。

（9）培训与支持。为社区成员提供培训和支持，帮助他们提高使用平台和参与社区活动的能力。

（10）评估与反馈。在很多情况下，主体要提高适应性，必须不断地自我调节。培训者就需要建立一种修正模式，建构一个决策及其结果的反馈环，建立一种验证模式。定期对社区进行评估，收集教师的意见和建议，对社区工作进行反馈和改进。

通过以上措施，可以创建一个充满活力、有利于教师成长的的合作社区。在这个社区中，教师可以分享经验、交流观点，共同建构知识，提高自己的教育教学能力。这对于提升教育质量和培养优秀教师具有重要意义。

3. 教育情景模拟

创造真实的教育情境对于教师培训非常重要。这种方法可以让教师在模拟实际教学场景的过程中，更好地运用培训内容，从而提高教学技能。以下是一些建议，以帮助创造真实的教育情境：

（1）设计针对性培训内容。根据教师的需求和实际情况，设计贴近实际教学的培训内容。系统论强调整体性和关联性，因此，培训内容应综合考虑教师的个人发展、学科特点以及学校的教育目标，确保培训内容具有实用性和可操作性。

（2）模拟实际教学场景。在培训过程中，创设真实的教育情境，如模拟课堂、教学示范等。环境是系统的重要组成部分，对个体发展具有重要影响。因此，模拟实际教学场景有助于教师在接近真实的环境中运用培训内容，提高教学技能。

（3）角色扮演。让教师参与角色扮演，模拟实际教学过程中的师生互动、课堂管理等环节。要增强培训实效，离不开个体之间的互动和协作，通过角色扮演，教师可以更好地理解培训内容，并在模拟系统中体验实际教学中的互动关系。

（4）教学实践。组织教师进行实际教学实践，将培训内容运用到课堂教学中。实践是检验真理的唯一标准，也是提升个体能力的重要途径。在教学实践过程中，教师可以发现问题、解决问题，并将培训内容与实际教学相结合，形成教学系统的良性循环。

（5）反思与总结。在教学实践后，组织教师进行反思和总结。系统论强调自我调整和优化，反思和总结有助于教师识别自己在系统中的位置和作用，发现教学中的不足，进而调整教学策略，提高教学水平。

（6）同伴互评。鼓励教师相互评价教学表现，从中学习和借鉴优秀经验。系统论强调系统内部各要素之间的相互学习和合作，同伴互评正是一种有效的合作学习方式，有助于教师发现自己的不足，并借鉴他人的优秀经验，共同提升教学系统的整体效能。

（7）专家指导。邀请教育教学专家参与培训，为教师提供专业指导。专家的参与可以为系统提供新的信息和资源，促进系统的优化和发展。教育教学专家可以从理论高度和实践经验出发，帮助教师更好地理解培训内容，并将其应用于实际教学，提升教学系统的质量和效率。

（8）评价与反馈。对教师在真实教育情境中的表现进行评价和反馈，以鼓励和激励教师持续改进教学技能。系统论强调评价和反馈在系统运行中的重要作用，通过及时、准确的评价和反馈，可以激发教师的积极性和主动性，促进教学系统的持续改进和发展。

（9）持续关注教师发展。在培训结束后，持续关注教师的发展情况，提供后续支持和指导。系统论认为，发展是一个持续的过程，需要不断投入资源和精力。持续关注教师发展有助于保持教学系统的稳定性和连续性，确保教师在实践中不断提升自己的教学技能。

（10）搭建交流平台。创建教师交流平台，让教师在平台上分享实际教学经验、教学策略等。系统论强调信息交流和资源共享在促进系统发展中的作用。交流平台可以为教师提供一个互相学习、互相启发的空间，有助于教师拓宽视野，提高教学能力，进而推动整个教学系统的进步和发展。

通过以上措施，创造真实的教育情境，有助于教师在模拟中实际运用培训内容，提高教学技能。这种培训方法可以有效地将理论知识与实际教学相结合，培养教师的教学能力，从而提升教育教学质量。

传统教师培训范式需要创新，而建构系统模式能够为教师培训提供全新的思维方式。通过建构系统模式，教师可以在真实情境中建构知识和能力，从而更好地应对教育的多变挑战，提升培训效果。

（四）建构系统模型的步骤

建构系统模型是一个有序的过程，即系统是由相互关联、相互作用的各个部分组成的整体。建构系统模型强调从整体的角度去理解和分析问题，关注系统的结构、功能以及各要素之间的关系，具体可以通过以下步骤来完成：

（1）确定建模目标。明确目标是理解和优化系统的首要步骤。需要清晰地定义建模的目的，即希望通过模型了解或解决什么系统层面的问题。这有助于明确建模的方向和深度，以便更好地揭示系统的内在结构和行为。

（2）确定系统边界。系统是不同元素、不同关系构成的有机整体，因此，界定系统的边界至关重要。需要明确哪些要素和关系属于要建模的系统范围内，哪些则不属于。这有助于聚焦关键要素，避免模型过于复杂或偏离主题。

（3）识别关键要素。系统是由一系列相互关联的要素组成的。需要识别构成系统的关键要素、变量或组件，这些要素可以是物体、人员、流程、事件等。识别关键要素是理解系统结构和功能的基础。

（4）确定关系和连接。要素之间的关系和连接是构成系统的关键。需要确定各个要素之间的关系和连接方式，包括因果关系、依赖关系、交互作用等。这有助于揭示系统的内在逻辑和运行机制。

（5）选择建模方法。系统论提供了多种建模方法，需要根据目标和系统的特点选择合适的建模方法。常见的方法包括系统图、因果图、流程图、动态模拟等。选择合适的建模方法有助于更准确地描述和分析系统。

（6）绘制系统图。在系统论中，可视化是理解和优化系统的重要手段。需要用适当的图表元素（如方框、箭头、线条）绘制系统图，将要素和关系以可视化的方式呈现出来。这有助于更直观地理解系统的结构和行为。

（7）添加细节。系统论强调系统的层次性和复杂性。在系统图的基础上，逐步添加细节和更深层次的要素，通过分解要素、添加子系统等来丰富模型，从而更深入地了解系统的内部结构和运行机制。

（8）分析和验证。分析和验证是优化系统的重要手段。通过分析建立的模型，看是否能够反映真实系统的特点和行为，模拟、验证、实验等方法来验证模型的准确性，确保模型能够真实反映系统的实际情况。

（9）迭代和修正。系统是不断发展和变化的，根据分析结果，需要对模型进行调整和修正。这是一个迭代的过程，通过不断优化模型，使其更加接近真实系统的状态和行为。

（10）建档和解释。建档和解释是知识传递和共享的重要途径，将建模过程和模型文档化，以便他人理解和使用。解释模型的假设、符号含义等内容，确保其他人能够准确地理解和应用该模型。

（五）建构系统模型的工具

1. 建模工具

（1）绘图软件。使用通用绘图工具如 Microsoft Visio、Lucidchart 等，绘制系统图、流程图等。

（2）动态建模工具。使用软件如 Vensim、AnyLogic、Stella 等，建立动态模型并模拟系统的行为。

（3）编程工具。使用编程语言如 Python、MATLAB 等，可以灵活地建立自定义的模型和算法。

2. 注意事项

在做系统建模的时候需要注意以下四点：

（1）保持简洁。不必将所有细节都包含在模型中，要保持模型的可理解性和清晰度。

（2）数据收集。建模需要基于现实数据和信息，所以要确保有足够的数据支持。

（3）验证和反馈。在建模过程中与领域专家和利益相关者保持沟通，以获得反馈和验证。

（4）学习和改进。建模是一个学习和不断改进的过程，随着对系统的理解加深，所建的模型也会不断完善。

（六）以教师培训为例建构系统模型步骤

1. 建模步骤

将教师培训看作一个系统，可以通过分解系统要素、关系和流程，然后运用系统思维来进行分析和优化。以下是一个基本的分解和应用步骤：

（1）确定系统范围。确定教师培训的边界，包括培训的对象、目标、资源、活动等。

（2）识别系统要素。将教师培训分解为关键要素，可能包括：培训内容、培训师和讲师、教材和教具、培训场所和设施、学员群体、培训方法和策略、评估和反馈机制。

（3）建立要素关系。确定这些要素之间的相互关系，包括影响、依赖、反馈等。例如，培训内容影响学员的学习效果，评估机制可以反馈到培训策略的调整等。

（4）构建系统图。使用系统图或概念地图等可视化工具，将要素和关系表示出来，有助于更好地理解系统的结构和相互作用。

2. 运用系统思维建构系统模型

建构系统模型有助于更好地理解复杂系统，预测其行为，并支持决策和改进。如何运用系统思维的原则来分析和优化教师培训系统呢？

（1）整体性思考。从全局角度看待教师培训，考虑不同要素的综合影响。

（2）循环反馈。分析培训中的反馈机制，如学员的评估结果如何影响培训内容和方法的调整。

（3）动态性。考虑教师培训在不同阶段的变化，适应不同学员和需求。

（4）依赖关系。理解各要素之间的依赖关系，确保一个要素的改变不会影响整个系统的稳定性。

（5）优化和改进。根据系统分析的结果，找到优化教师培训的可能途径。这可能包括：改进培训内容、调整方法、优化资源配置等。

（6）实施和评估。将优化方案付诸实践，并不断进行评估。收集数据，监测改进效果，并根据结果调整方案。

（7）持续改进。教师培训是一个不断发展的过程，持续进行反馈、分析和改进，使系统能够适应变化的需求。

三、运用系统思维掌握培训全过程

（一）教师培训的系统模型构建

为了有效运用系统思维来掌握教师培训全过程，可以通过构建教师培训的系统模型，将培训的各个环节纳入整体框架中进行分析。

1. 系统模型的主要构成要素

在教师培训的系统模型中，主要构成要素包括：

培训需求分析。明确教师的需求以及培训的目标。

培训设计与开发。根据需求设计培训课程，并开发相应的教学资源。

培训实施与管理。合理安排培训的时间、地点，选择合适的教学方法。

反馈与评估。通过定期的反馈机制，对培训效果进行动态评估。

这些要素相互作用，构成了一个闭环系统。培训的每个环节都会对其他环节产生影响，从而形成一个自我调节的系统。

2. 培训需求分析的系统化

在教师培训的系统模型中，需求分析是首要环节。通过需求分析，可以明确教师在教学实践中遇到的实际问题，从而为培训内容的设计提供依据。

在需求分析过程中，可以通过问卷调查、访谈、课堂观察等方法收集教师的意见和建议。运用系统思维，可以从多个角度进行分析，例如：

学科需求。不同学科的教师对培训内容的要求各不相同。

教学环境。教师所在的教学环境（如城市与农村、不同文化背景的学校）会影响其对培训的需求。

教师发展阶段。初级教师与资深教师的需求差异较大。

通过全面的需求分析，可以为后续的培训设计提供依据，并确保培训的针对性和有效性。

3. 培训设计与开发的系统化

在明确培训需求后，接下来是培训设计与开发环节。在此阶段，系统思维可以帮助我们从全局出发，设计既符合培训目标，又能满足教师需求的培训方案。培训设计应包括以下几个方面：

课程目标设定。基于需求分析设定明确、可实现的培训目标。这些目标应与教师的实际教学需求相匹配。

教学内容选择。结合教师的教学背景，选择有针对性的教学内容，如教学法、学科知识更新、课堂管理技巧等。

教学方法设计。根据培训对象的不同，设计多样化的教学方法，如讲授式培训、案例分析、工作坊、小组讨论等。

资源开发。开发相应的教学资源，如教材、教学视频、在线学习平台等，以支持培训过程。

通过系统思维，培训设计应从各个角度进行综合考虑，确保培训内容、方法与资源的协调统一。

4. 培训实施与管理的系统化

在培训的实施过程中，系统思维可以帮助我们有效管理培训的各个环节，确保培训活动的顺利进行。培训的实施包括以下几个方面：

培训时间与地点的安排。根据教师的工作时间灵活安排培训时间，选择合适的培训地点，以最大程度地便利教师参与。

培训方式的选择。根据教师的需求与实际情况，选择合适的培训方式，如线下集中培训、线上远程培训或混合模式。

培训管理。培训管理者需全面协调各方资源，确保培训过程的顺利进行。这包括培训师的安排、课程进度的管理、教师的出勤管理等。

5. 反馈与评估的系统化

培训的反馈与评估是整个培训系统的重要组成部分。通过反馈机制，可以及时发现培训过程中的问题，并根据反馈结果对培训方案进行调整。

系统思维强调反馈回路的作用。在教师培训中，反馈与评估可以从以下几个方面进行：

学员反馈。通过问卷、访谈等方式收集教师对培训内容、教学方法、培训管理等方面的意见和建议。

学习成果评估。通过课堂观察、教学反思、教学成果展示等方式评估教师的学习成果。

长期效果评估。培训结束后，通过对教师课堂表现和教学效果的持续观察，评估培训的长期效果。

（二）正确运用系统思维指导教师培训

教师培训者可以通过思维导图，理解如何正确应用系统思维对教师培训全过程进行全盘的掌握与实践。用系统思维指导教师培训的思维导图，如图3-4所示。通过这个思维导图，我们可以清晰地了解到用系统思维指导教师培训的各个环节，有助于提升教师的教学能力和培训效果。

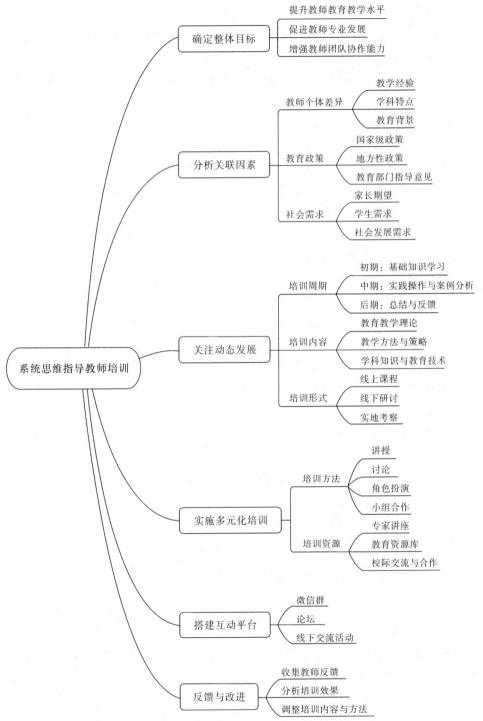

图 3-4 利用系统思维指导教师培训步骤的思维导图

（三）案例分析——系统思维在教师培训中的应用

为了更好地理解系统思维在教师培训中的应用，我们可以通过一个具体的案例进行分析。

1. 案例背景

某地区的教师普遍反映，在教学过程中面临课堂管理问题，学生的纪律难以控制，影响了教学效果。为了提升教师的课堂管理能力，当地教育局决定开展一次教师培训。

2. 系统思维在培训需求分析中的应用

通过系统思维，培训需求分析不仅仅局限于教师的表面需求，而是从更广泛的角度进行分析。除了课堂管理问题外，教师还反映出一些其他问题。

学生的心理健康问题：部分学生由于家庭环境或学业压力，出现了情绪不稳定的情况，影响了课堂秩序。

教师的压力管理问题：教师自身的压力调节能力不足，导致在面对课堂问题时情绪失控，进一步恶化了课堂环境。

通过系统化的需求分析，教育局认识到，课堂管理问题并非单一的教学问题，而是与学生心理健康、教师压力管理等多个因素密切相关。

3. 系统思维在培训设计中的应用

基于需求分析的结果，培训设计不仅涵盖了传统的课堂管理技巧培训，还加入了心理学知识和教师压力管理的课程。同时，培训设计强调理论与实践相结合，安排了模拟课堂和案例分析等实践活动。

此外，系统思维还帮助培训组织者认识到，单靠一次培训难以解决所有问题。因此，他们设计了一套连续的培训方案，涵盖了不同阶段的内容，如初级管理技巧、进阶心理学知识等。

4. 系统思维在培训实施与管理中的应用

在培训实施过程中，系统思维的应用体现在灵活的管理模式上。由于教师的工作繁忙，培训采用了线上线下结合的方式，教师可以根据自己的时间安排选择参加现场培训或线上学习。

同时，培训组织者通过建立学习小组和教师互助平台，鼓励教师之间的交流与合作，使教师能够在培训之外继续学习和讨论，形成一个持续学习的系统。

5. 系统思维在反馈与评估中的应用

在培训的反馈与评估中，系统思维强调动态评估与长期反馈。培训结束后，教育局定期组织课堂观察，并收集教师的反思日志，评估培训的长期效果。

通过系统化的评估，教育局发现，虽然大多数教师的课堂管理能力有所提升，但部分教师在实际应用中仍然遇到了困难。针对这一问题，他们再次调整培训方案，增加了个别辅导和案例分析的环节，进一步提高培训的针对性和实效性。

第4章　培训之系统生存法则

系统思维作为一种跨学科的思考方式和解决问题的方法，对于教师培训的各个环节具有重要的应用价值。本章将深入探讨系统思维在教师培训中确定培训需求、目标设定、课程设计以及训后跟踪等方面的应用。

一、系统思维与教师培训

（一）系统思维和跨学科合作

系统思维和跨学科合作在教师培训中有着密切的联系，它们可以相互促进，共同为教师培训的质量和效果提供支持。以下是系统思维与跨学科合作在教师培训中的联系和作用。

1. 理解复杂性

系统思维对于理解教师培训中的复杂性至关重要。教师培训涉及教育学、心理学、学科知识等多个方面，这些领域的知识和要素之间存在着错综复杂的关系。系统思维能够帮助教师从整体上把握这些关系，深入理解不同领域之间的相互影响和相互依存，从而帮助培训组织者设计更全面的培训方案。通过系统思维，教师可以更好地整合各个方面的知识，形成一个有机的整体，提高培训的针对性和实效性。

2. 整合多学科知识

不同领域的专家具有各自的专业知识和独特视角，通过跨学科合作，可以将这些专业知识和视角融合在一起，形成更综合、更全面的教师培训方案。跨学科合作不仅可以促进不同领域之间的交流和沟通，还可以激发新的思维火花，产生更具创新性的培训方法和策略。

3. 优化培训策略

通过跨学科合作，可以共同分析教师培训中遇到的问题和挑战，运用系统思维来优化培训策略，制定更合适的培训方案。例如，在教育技术和教学方法方面，可以借鉴不同领域的最新研究成果和实践经验，形成更具创新性和实用性的培训策略。

4. 综合多个层面

教师培训需要考虑教学理论、实践技巧、学习心理等多个层面。系统思维有助于跨学科合作团队从整体上把握教师培训的需求和目标，以制订更具针对性和实效性的培训计划。通过整合不同领域的知识和方法，可以形成更全面的培训内容，提升教师的综合素质和教学能力。

5. 提升培训效果

系统思维和跨学科合作强化了复杂问题的解决能力，教师培训中可能涉及复杂的问题，例如，如何提高学生参与度、如何适应不同学习风格等。与此同时，跨学科合作带来不同领域的想法和方法，系统思维则有助于将这些创新融入到教师培训中，从而创造更具创新性的教学方法。

6. 促进培训者专业发展

跨学科合作和系统思维让培训者能够接触到不同领域的知识，不同领域的专家共同合作，系统思维能够帮助大家从整体的角度思考问题，促进更好的合作和协同，从而提升他们的综合素质。通过参与跨学科合作和系统思维，教师可以接触到不同领域的知识和想法，激发创新思维和创造力，促进个人专业成长和发展。

7. 推动教育改革和创新

通过将系统思维和跨学科合作结合起来，教师培训可以从不同领域的专业知识中受益，优化培训策略和方法，从而提升教师培训的质量，为教育提供更全面、综合的支持。

（二）系统生存法则原则

在教师培训中，系统思维可以为培训的设计、实施和持续改进提供指导。以下是一些被称为"系统生存法则"的原则，有助于在教师培训中应用系统思维，以确保培训的质量和有效性。

1. 了解整体目标

在应用系统思维进行教师培训时，首先要明确并深入理解培训的整体目标。教师培训不仅仅是对知识或技能的简单传授，而是培养教师具备全面的教育素质和能力。通过系统性地思考，我们可以确保培训的每一个环节都与整体目标紧密相连，形成一个有机的整体。

2. 确定关键要素

教师培训涉及众多要素，如培训内容的选择、教学方法的运用、师资力量的配备以及培训效果的评估等。在系统思维的指导下，我们需要对这些关键要素进行深入的剖析和理解，以便在培训过程中给予适当的关注和优化。

3. 理解要素关系

系统思维强调要素之间的相互联系和相互作用。在教师培训中，我们需要深入分析不同要素之间的关系，如培训内容与方法之间的匹配度、师资力量与培训效果之间的关联性等。通过理解这些关系，我们可以更好地调整和优化培训策略，提高培训效果。

4. 考虑反馈机制

有效的反馈机制对于教师培训至关重要。通过收集来自学员、教师和评估者的反馈信息，我们可以及时了解培训过程中的问题和不足，从而进行有针对性的改进。同时，反馈机制也有助于激发学员的参与感和归属感，提升培训的整体效果。

5. 优化要素协调

在教师培训中，各个要素之间的协调与配合至关重要。我们需要确保培训内容、方法、师资和评估等要素之间形成良好的互补关系，共同服务于整体目标的实现。通过优化这些要素的协调与配合，我们可以提高培训的效率和效果。

6. 持续改进

教师培训是一个持续的过程，需要不断地进行改进和优化。在系统思维的指导下，我们应该建立一种持续改进的文化和机制，通过定期收集和分析数据，及时发现问题并采取相应的改进措施。这样，我们可以确保教师培训始终保持在最佳状态。

7. 跨学科合作

教师培训涉及多个学科和领域的知识，因此，跨学科合作显得尤为重要。通过与其他学科领域的专家进行合作，我们可以为培训方案引入更广泛的知识和方法，为教师培训提供更全面的支持。同时，跨学科合作也有助于培养教师的综合素质和创新能力。

8. 适应变化

在当今社会，教育环境和需求都在不断变化。因此，教师培训者需要具备灵活适应变化的能力。在系统思维的指导下，我们可以根据外部环境和内部需求的变化及时调整培训策略和方法，确保培训始终与时俱进。

9. 学习和反思

培训师应该不断学习和反思自己的实践经验，将经验教训纳入系统思维的框架中，以便不断改进培训效果。

10. 关注整体效果

我们需要从整体效果的角度来评估教师培训的成功与否。不应仅仅关注教师在知识或技能上的提升，更要关注他们在教育实践中所展现出的综合素质和能力。通过关注整体效果，我们可以更全面地了解培训的效果和价值，为今后的培训工作提供有益的参考。

综上所述，这些系统生存法则为教师培训组织者在设计、实施和改进教师培训时提供了宝贵的指导。通过应用系统思维，我们可以更好地实现培训的整体效果和质量，为培养高素质的教师队伍做出积极的贡献。

二、系统思维与教师培训全过程

（一）系统思维在教师培训方案研制中的应用

系统思维在教师培训中扮演着至关重要的角色，它要求从整体的角度看待培训需求，不仅关注个体教师的需求，更重要的是从学校、地区乃至整个教育系统的层面进行深入分析。通过系统思维的方法，可以更全面地了解教师培训的实际需求，为确定培训方向和内容提供有力指导。

在教师培训中，系统思维强调跨学科的知识融合与整合。这要求教师跳出自己学科的局限，关注和融汇多个学科的知识和方法。在培训需求分析中，可以通过系统思维的方法，探索教师在多学科交叉领域的培训需求，推动学科之间的融合与跨学科发展，从而培养出更具创新精神和综合能力的教师。

1. 教师培训目标的整体性

在设定培训目标时，系统思维强调目标的整体性和一致性。我们不仅要关注教师的个体发展，更要确保培训目标与学校教育目标和整体教育改革方向相契合。通过系统思维的方法，我们可以确保培训目标的整体性、连贯性和前瞻性，为教师的专业成长提供明确方向。

2. 培训内容的综合性

在培训内容设计上，系统思维要求我们构建具有综合性和系统性的知识体系。这意味着培训内容不应是孤立的知识点，而应是一个相互关联、相互影响的有机整体。通过引入系统思维的方法，我们可以将各个学科的知识进行有机融合，形成一个完整、连贯的知识框架，帮助教师构建全面的教育视野。

3. 确定培训需求的应用

系统思维强调从整体的角度来看待问题，关注事物之间的相互联系和相互影响。传统的方法可能只关注教师自身的问题，忽视了学校、地区乃至整个教育系统的需求。而通过系统思维的分析，我们可以更全面地了解教师培训的实际需求，从整体上把握培训的重点和方向，确保培训内容与实际需求紧密贴合。

以某地区教育局提高中小学教师信息技术水平的培训为例，通过系统思维的分析，我们发现这一需求不仅与个体教师的专业发展相关，更与学校教育信息化、地区信息化建设等宏观目标紧密相连。因此，在培训需求的分析中，我们不仅要考虑个体教师的需求，还要与学校和地区的整体发展目标相衔接，确保培训的整体性和一致性。

4. 目标设定的应用

系统思维强调整体性和综合性，要求从整体上把握问题的本质和发展趋势。在教师培训中，目标设定是指明培训的期望结果，而系统思维可以帮助确立具有系统性和综合性的培训目标。

以提高教师教学能力为例，传统的目标设定可能只注重教学技能的提升，而系统思维则要求我们从整体上考虑教师的全面发展。除了教学技能外，还应关注教师的教育理念、教学态度、学科知识等方面的综合发展。通过系统思维的应用，我们可以制定更为全面、系统的培训目标，促进教师的整体提升。

5. 内容设计的应用

系统思维强调综合性和动态性，要求从整体上构建系统性的知识体系。在教师培训的内容设计中，系统思维可以帮助教师培训机构将各个学科的知识整合起来，构建一个更为完整和综合的知识体系。

例如，在教师教学技能培训中，系统思维要求教师培训机构不仅传授教学技巧，还要关注教师的教育理念、教学态度等方面的培养。通过系统思维的应用，可以将教学技能与教育理念、教学态度等有机地结合起来，设计一个更为综合和全面的培训内容，提高培训的实效性。

综上所述，系统思维在确定培训需求、目标设定、内容设计等方面的应用具有重要意义。它能够帮助教师培训机构全面了解培训对象的需求，构建具有综合性和系统性的培训内容体系，从而提高教师培训的质量和效果。在未来的教师培训中，我们应更加注重系统思维的应用，为教师的专业发展和教育事业的进步提供强有力的支持。

（二）系统思维在教师培训实施过程中的应用

探讨系统思维在培训实施过程中的指导作用，包括教学方法选择、教师互动、资源融合等方面。

1. 教学方法选择

系统思维要求我们摒弃孤立的视角，从整体角度审视问题，深入剖析事物间的相互关系和影响。在教师培训中，选择适当的教学方法是提高培训效果的关键因素之一。通过系统思维的应用，培训机构可以综合考虑培训对象的特点、学科特点、培训目标等多重因素，从整体上分析不同教学方法的优劣势，并结合实际情况选择合适的教学方法。

举例来说,针对教师培训,培训机构可以根据教师的学科背景和实际需求,选择多样化的教学方法,包括讲座、案例分析、小组讨论、互动体验等。通过系统思维的引导,不仅确保教学方法的多样性和灵活性,更能使培训内容与教师的实际需求紧密贴合,进而提升培训效果。

2. 教师互动

系统思维强调整体性和综合性的思考,要求关注事物之间的相互联系和相互影响。在教师培训中,教师之间的互动交流对于促进学习、分享经验、实现合作学习至关重要。通过系统思维的应用,培训机构可以构建一个良好的教师互动平台,为教师们提供充分的信息交流、经验分享和合作探讨的机会。

例如,在教师培训中,可以引入小组讨论、案例分享、角色扮演等教学方法,鼓励教师之间进行互动交流。通过系统思维的应用,可以将教师互动纳入整体教学设计中,促进教师的共同学习和进步。

3. 资源融合

系统思维强调综合性和动态性,强调从整体上把握问题的本质和发展趋势。在教师培训中,资源的有效整合对于提升培训效果具有重要意义。通过系统思维的应用,培训机构能够整合各种教育资源,包括优秀的师资力量、先进的教学设备、丰富的教材教具等,形成一个相互关联、相互支持的培训体系。

例如,在教师培训中,可以引入多种教学资源,如在线学习平台、实践教学基地、教学辅助工具等。通过系统思维的应用,可以将各种资源有机地融合在一起,构建一个全面、立体的培训资源体系,为教师的专业发展提供有力支持。

综上所述,系统思维在教师培训实施过程中具有重要的指导作用。通过系统思维的应用,培训机构能够在教学方法选择、教师互动、资源融合等方面实现全面、灵活、高效的培训设计,从而显著提高教师培训的质量和效果。随着教育领域的不断发展,系统思维在教师培训中的应用将愈发广泛和深入,为教师的专业发展和教育事业的蓬勃发展提供更多的支持和帮助。

(三)系统思维在教师培训训后跟踪中的应用

系统思维在培训成果评估、效果分析和总结反馈等方面的应用具有重要意义,有助于培训机构全面把握培训效果,发现问题,进而优化培训内容,提升培训质量。以下将深入剖析系统思维在这些方面的具体应用。

1. 培训成果评估

在培训成果评估中,传统的方法可能只注重培训的表面指标和即使成效,忽视了培训的整体影响和长期效果。而系统思维则倡导从整体视角出发,综合考量培训的多重维度。它不仅关注教师的知识增长，还重视教学能力的提升和教学态度的转变。通过系统思维的应用，培训机构能够构建一个全面、立体的评估体系，采用问卷调查、教学观摩、学员反馈等多种手段，从多个角度揭示培训的实际效果，确保评估结果更为准确、全面。

例如，在教师培训成果评估中，可以采用多种评估方法，包括问卷调查、教学观察、学习成绩分析等。通过系统思维的应用，可以将这些评估方法综合起来，形成一个全面、多角度的培训成果评估体系，更准确地反映教师培训的实际效果。

2. 效果分析

系统思维强调整体性和综合性，要求从整体上把握问题的本质和发展趋势。在效果分析中，它要求培训机构不仅关注培训的直接成果，还要深入分析培训过程中的各个环节，探究影响培训效果的关键因素。通过系统收集和分析培训数据，如参与率、互动频次、资源利用率等，培训机构能够揭示培训过程中的薄弱环节，识别影响效果的关键因素，为后续的培训优化提供科学依据。

例如，在教师培训效果分析中，可以通过收集各个环节的数据和信息，如教师参与情况、学习活动的质量和频率、培训资源的利用情况等。通过系统思维的应用，可以将这些数据和信息整合起来，找出影响培训效果的主要因素，为进一步优化培训内容和提高培训质量提供依据。

3. 总结反馈

系统思维强调动态性，要求认识事物的发展过程和变化规律。在培训总结和反馈中，培训机构需要不断总结经验，及时进行反馈，以不断完善培训效果和提高培训质量。通过系统思维的应用，培训机构可以从整体上把握培训过程和效果的变化和发展趋势，为总结和反馈提供全面的支持。这种反馈机制不仅有助于提升单次培训的质量，还能为未来的培训活动提供宝贵的参考和借鉴。

例如，在教师培训总结和反馈中，可以将培训过程中的各个环节和阶段进行综合分析，找出存在的问题和改进的方向。通过应用系统思维，可以将总结和反馈纳入整个培训过程，及时发现培训设计的问题和不足，不断完善培训内容和方法，提高培训质量。

综上所述，系统思维在培训成果评估、效果分析和总结反馈等方面的应用具有重要意义。通过系统思维的方法，可以全面把握培训效果和问题，优化培训内容和提高培训质量，为教师培训的进一步发展和提高质量提供有力支持。随着教育领域的不断发展，系统思维在培训实施中的应用将会越来越重要，并不断为教师的专业发展和教育事业的进步带来更多的推动力。

（四）训后跟踪与评估体系构建

训后跟踪与评估体系在教师培训中的构建具有重要的意义和价值。训后跟踪是指在教师培训结束后，对培训效果和成果进行持续性和系统性的监测和评估。评估体系构建则是指建立一套科学完整的评估方法和指标，用于对教师培训进行全面、客观、准确的评估。下面分别阐述训后跟踪与评估体系构建在教师培训中的重要性和意义。

1. 训后跟踪的重要意义

（1）确认培训成果并反馈调整。通过训后跟踪，我们可以及时了解教师培训的实际效果，验证培训是否达到预期目标。如果培训效果不理想，可以及时采取措施进行调整和改进，以确保培训成果的最大化。这种反馈和调整机制有助于我不断优化培训方案，提升培训质量。

（2）优化培训方案并提升针对性。训后跟踪可以为我们提供丰富的数据和信息，帮助我们深入了解培训过程中的问题和不足。基于这些信息，我们可以对培训方案进行有针对性的优化，使其更符合教师的实际需求，提高培训的针对性和有效性。这样不仅可以提升教师的参与度和满意度，还能增强培训的实际效果。

（3）提高教师满意度并增强参与感。通过训后跟踪，我们可以及时收集教师的反馈意见，了解他们对培训的满意度和期望。这有助于我们进一步满足教师的需求，提高他们参与培训的积极性和主动性。同时，教师的积极反馈也能激发我的工作热情，推动我们不断提升培训质量。

（4）提供持续支持和指导。训后跟踪不仅关注培训结束后的短期效果，更注重教师的长期成长和发展。通过持续的跟踪和关注，我们可以为教师提供更多的学习资源和培训机会，帮助他们不断学习和进步。这种持续性的支持和指导有助于教师形成自我学习和自我提升的习惯，促进他们的专业发展。

2. 评估体系构建的重要意义

（1）全面综合评估培训效果。评估体系构建可以综合考虑培训的各个方面，包括培训内容、培训方式、培训效果等，从而形成一个全面、客观的评估结果。这种综合评估有助于我们全面了解培训的质量和效果，为后续的改进提供有力的依据。

（2）提高评估的客观性和准确性。通过构建科学的评估方法和指标，我们可以提高评估的客观性和准确性，减少主观因素的影响。这样，我们可以更加准确地了解教师的实际表现和需求，为培训方案的制定和调整提供可靠的依据。

（3）推动持续改进和提升。评估体系构建不仅是对培训效果的检验，更是对培训质量的持续改进和提升。通过定期的评估和反馈，我们可以及时发现问题和不足，并采取有效的措施进行改进。这种持续改进机制有助于我们不断提升培训质量，满足教师的实际需求。

（4）优化资源配置并提高效益。评估体系构建可以帮助我们更好地了解培训资源的利用情况，发现资源配置的不足之处。基于这些信息，我们可以对资源进行更加合理的配置，将有限的资源投入到最需要的地方，提高培训效益。同时，优化资源配置也有助于降低培训成本，提高培训机构的运营效率。

综上所述，在教师培训的内容构建，训后跟踪与评估体系具有重要的意义和价值。它们不仅有助于我们全面了解培训的质量和效果，还能为提供有力的依据优化培训方案、提升培训质量。在未来的教师培训工作中，我们应该更加重视这两个方面的建设，不断推动教师培训工作的创新和发展。

（五）训后跟踪策略设计

训后跟踪作为教师培训中不可或缺的环节，对于全面评估培训效果以及为持续改进提供关键信息与反馈至关重要。在这一阶段，系统思维发挥着至关重要的角色，它促使培训机构从整体和综合的角度审视问题，进而设计出更全面、更科学的策略。以下将详细探讨系统思维在教师培训后跟踪阶段的策略设计中的应用。

1. 评估指标制定

在制定评估指标时，系统思维强调整体性和综合性。这意味着我们需要全面考虑培训的多个维度，包括但不限于培训目标的达成度、教师的满意度以及学生的学习效果等。在构建指标体系时，必须明确各指标间的相互关联与影响，以确保评估的全面性和合理性。

例如，我们可以设立一系列具体的评估指标，如教师知识水平的提升程度、教学方法的实际应用情况、学生学习成绩的改善情况以及教师对培训的满意度等。通过综合分析这些指标，我们能够获得对培训效果的全面而深入的理解。

2. 数据收集与分析

数据收集与分析是训后跟踪的关键环节，而系统思维强调其动态性和综合性。我们需要持续跟踪并监测培训的各个阶段和环节，以获取全面而准确的数据。在收集数据时，务必确保信息的完整性和准确性，避免任何形式的遗漏或误差。

例如，在教师培训后跟踪中，可以通过问卷调查、教学观察、学习成绩分析等方式收集数据。同时，还可以结合教师的实际表现和学生的反馈意见进行综合分析。通过系统思维的应用，可以将这些数据和信息进行整合，识别出影响培训效果的主要因素。

3. 反馈与改进

反馈与改进是系统思维在训后跟踪中的另一重要应用。根据收集和分析的数据，需要及时向培训机构提供反馈，并提出针对性的改进建议。这些反馈和建议应详细而具体，旨在帮助教师和培训机构深入理解培训效果，并明确未来的改进方向。

例如，在教师培训后跟踪中，可以将评估结果和建议整理成报告，向教师和培训机构进行反馈。同时，还可以组织相关的讨论和研讨会，让教师和培训机构共同探讨问题和解决方案。通过系统思维的应用，可以形成持续改进的循环，不断优化培训策略和方法。

综上所述，系统思维在教师培训后跟踪阶段的策略设计中具有重要意义。通过综合考虑评估指标、持续收集和分析数据、及时反馈和改进，可以全面把握培训的实际效果，为持续改进和优化培训提供科学的依据和支持。随着教育领域的不断发展，系统思维在教师培训中的应用将会越来越重要，为教师的专业发展和教育事业的进步带来更多的推动力。

（六）训后跟踪实践案例

训后跟踪实践在国内外有许多成功的案例，以下选取三个具有代表性的案例，分析其背后的系统思维应用和效果。

案例一：新加坡教育系统的教师培训训后跟踪。

背景介绍：新加坡一直以其高质量的教育而闻名。在教师培训方面，新加坡教育部门非常重视训后跟踪，以确保教师培训的有效性和持续改进。

系统思维应用与效果：

（1）系统动力建模。新加坡教育部门采用系统动力建模的方法，构建教师培训的系统模型，将教师培训各个环节和要素进行整合和分析，以助于更好地理解教师培训的复杂性和动态性，从而制定更有效的培训策略。

（2）综合评估指标。新加坡教育部门制定了一套综合的评估指标，包括教师教学水平、学生学习成绩、教师满意度等多个方面。通过综合评估，可以全面了解教师培训的实际效果。

（3）持续改进。新加坡教育部门将训后跟踪作为一个持续改进的循环。根据跟踪结果，及时调整和改进培训方案，为教师提供更好的培训支持和指导。

案例二：美国某教育机构的在线教师培训训后跟踪。

背景介绍：美国某教育机构开展了在线教师培训项目，为广大教师提供专业发展的机会。为了确保培训的有效性，该机构重视训后跟踪，持续监测教师培训的成果和效果。

系统思维应用与效果：

（1）系统规划。该教育机构在设计培训项目时，采用系统规划的方法，明确培训目标和各个阶段的内容和安排，有助于确保培训的有机衔接和连贯性。

（2）数据收集与分析。该教育机构通过在线学习平台，收集教师的学习情况和学习成果，同时还进行教师满意度调查等。通过数据分析，可以了解教师对培训的反应和效果。

（3）教师互动。在线教师培训项目鼓励教师之间进行互动和交流，通过在线讨论和交流平台，教师们可以分享学习心得和经验，形成良好的学习氛围。

（4）整体优化。该教育机构将训后跟踪的结果与培训项目进行整体优化。根据跟踪结果，对培训内容和方法进行持续改进，提高培训的实效性和持续性。

综上所述，这两个案例都体现了系统思维在训后跟踪实践中的应用和效果。通过系统思维的方法，这些教育机构能够从整体和综合的角度来看待问题，确保培训的有效性和持续改进。在训后跟踪过程中，它们通过建立系统模型、制定综合评估指标、持续收集和分析数据，以及持续改进和优化培训策略，为教师的专业发展和教育事业的进步提供了有力支持。

案例三：国内某乡村教育系统的教师培训训后跟踪。

背景介绍：为了提高农村地区小学教师的教育教学水平，某地区教育部门组织了一次为期两周的教师培训活动，培训内容包括教育理论、教学方法、课程设计等。培训结束后，教育部门对参与培训的教师进行了为期一年的训后跟踪实践研究。

系统思维应用与效果：

（1）定期访谈。研究人员定期与培训教师进行访谈，了解他们在培训结束后在教育教学工作中的应用情况和遇到的问题。

（2）教学观察。研究人员深入培训教师的课堂，观察他们的教学行为和教学方法的改变。

（3）学生反馈。收集学生对教师培训后教学变化的反馈，了解培训成果在实际教育教学中的体现。

（4）教师教案分析。收集培训教师的教学计划和教案，分析培训内容在实际教学中的应用情况。

（5）教育培训效果评估。对培训教师进行教育教学成果评估，分析培训对教师教育教学水平的影响。

通过访谈和教学观察，发现大部分培训教师在培训结束后，能够将所学知识和技能应用到实际教育教学工作中，如引入课堂讨论、小组合作学习等，激发学生的学习兴趣和积极性。

在为期一年的跟踪实践中，部分教师在开始阶段能够较好地应用培训所学，但在后续过程中，由于缺乏持续的指导和反馈，部分培训成果逐渐减弱。

通过教育培训效果评估，发现培训对教师的教育教学水平有显著提升作用。但在实际应用过程中，教师需要不断巩固和提升培训成果，以提高教育教学质量。

结论与建议：

（1）加强训后跟踪支持。为保证教师培训成果的巩固和应用，教育部门应在培训结束后提供一定的训后跟踪支持，如定期组织教师开展研讨活动、提供教育教学难题的解决方案等。

（2）建立持续性评价机制。教育部门应建立教师培训成果的持续性评价机制，对教师在实际工作中的培训应用情况进行定期评估，以便及时发现问题并给予指导。

（3）注重实践与理论相结合。在教师培训中，要注重实践与理论相结合，让教师在实际教育教学工作中锻炼和巩固培训成果。

（4）提高教师自主学习能力。培养教师的自主学习能力，帮助他们在教育教学实践中不断自我提升，从而提高整体教育质量。

通过以上案例研究，我们可以了解教师培训训后跟踪实践的重要性和必要性。为保证教师培训成果的转化与应用，教育部门和学校应采取一系列措施，加强训后跟踪支持，促进教师专业发展。

三、系统思维对教师培训全过程的指导

（一）系统思维的指导策略设计与应用

系统思维在教师培训全过程中的指导策略设计与应用具有举足轻重的作用，它有助于培训机构从宏观角度全面把握培训的规划、目标设定和整体优化，进而显著提高培训的效果和质量。以下将详细阐述系统思维在教师培训全过程中的指导策略设计与应用。

1. 系统规划

系统规划是确保培训连贯性和有效性的基石。系统思维强调将问题视为一个整体，注重各要素间的相互关联与影响。在教师培训中，这意味着培训机构需将培训的各个环节和要素进行有机整合，形成一个紧密相连、互为支撑的培训体系。通过系统规划，培训机构可以确保培训内容的连贯性、教学方法的一致性以

及评估标准的统一性，从而为教师提供一个系统化、结构化的学习体验。

以实际操作为例，在教师培训的全过程中，培训机构需从培训需求分析开始，明确教师的实际需求和发展方向。进而设定明确、具体的培训目标，确保目标与教师的职业发展及学校的教育目标相一致。接着，设计涵盖理论知识、实践技能及情感态度等多个维度的培训内容。采用多样化的教学方法，如案例分析、小组讨论、实践操作等，以满足不同教师的学习需求。最后，通过全面的效果评估，了解培训的实际成效，为后续培训提供改进依据。

2. 目标导向

系统思维强调整体性和综合性，要求从整体上把握问题的本质和发展趋势。因此，目标导向是至关重要的。培训机构需将培训目标与教师的个人发展目标、学校的教育目标乃至整个教育行业的发展趋势相结合，确保培训具有针对性和实效性。

在具体操作中，培训机构可以通过与教师、学校及行业专家的深入沟通，了解教师的实际需求和发展方向；同时，关注教育领域的最新动态和发展趋势，以确保培训内容与时代要求相契合。此外，培训机构还可以将培训目标与具体的评价标准相结合，通过定期考核和反馈，确保教师能够达成既定目标。

3. 整体优化

系统思维强调在整体框架下进行局部调整和优化，以实现整体效果的最佳化。在教师培训中，这意味着培训机构需不断总结经验教训，及时发现问题并进行调整改进，以优化培训效果。

为了实现整体优化，培训机构可以建立完善的培训反馈机制，收集教师和学员的意见和建议；同时，定期分析培训数据，了解培训的实际成效和存在的问题。在此基础上，对培训内容、方法、进度等进行有针对性的调整和优化。此外，培训机构还可以借鉴其他成功案例和先进经验，不断提升自身的培训水平和服务质量。

综上所述，系统思维在教师培训全过程中的指导策略设计与应用具有重要意义。通过系统规划、目标导向和整体优化等策略的应用，培训机构可以全面提升教师培训的效果和质量，为教师的专业发展和教育事业的进步提供有力支持。

（二）跨界合作模式与实践案例

基于系统思维的跨界合作模式在教师培训中能够融合各方资源，形成系统性的教师培训支撑体系。这种合作模式涉及教育部门、教育机构、学校、行业企业以及其他社会组织之间的合作，以共同推进教师培训的发展和提高培训的质量。以下是一个典型的基于系统思维的跨界合作模式与实践案例。

案例：学校、教育机构与企业合作的教师培训支撑体系。

背景介绍：某一个教育资源相对匮乏的地区，教师培训水平有待提高。当地教育部门、教育机构和企业共同探索建立了一个跨界合作的教师培训支撑体系，以提高教师培训的质量和效果。

系统思维应用与效果：

（1）确定合作目标。教育部门、教育机构和企业共同确定了培养高素质教师的共同目标。他们意识到只有通过跨界合作，整合各方资源，才能更好地实现这一目标。

（2）资源整合与共享。教育部门为该地区的学校提供政策支持和财政资金，教育机构负责制定培训方案和编写培训教材，企业提供实践机会和实习岗位。通过资源整合与共享，形成了一个全方位的教师培训支撑体系。

（3）教师职业发展路径。在跨界合作的支持下，教育部门、教育机构和企业共同构建了教师职业发展路径，包括入职培训、职业发展培训和专业成长培训等。教师可以根据自己的需求和发展阶段，选择适合的培训项目和学习机会。

（4）教师成长档案。基于系统思维，教育部门、教育机构和企业共同建立了教师成长档案系统，将教师的培训记录、学习成果和职业发展规划进行整合和记录，为教师的个性化发展提供指导和支持。

（5）效果分析。通过基于系统思维的跨界合作模式，该地区的教师培训得到了明显的改善和提升。教师们获得了更丰富的培训资源和机会，培训的覆盖面更广，培训内容更加贴近实际需求。同时，教育部门、教育机构和企业之间的合作得到了加强，形成了一个协同推进教师培训的合力，进一步提高了培训的质量和效果。

综上所述，基于系统思维的跨界合作模式能够融合各方资源，形成系统性的教师培训支撑体系。通过明确合作目标、整合和共享资源、建立职业发展路径和成长档案系统，可以提高教师培训的效果和质量，为教师的专业发展和教育事业的进步提供有力支持。

四、系统思维在教师培训研究中的应用

教师培训研究方法是指在教师培训领域中，通过科学、系统的方式进行研究和分析，以获得有关教师培训的深入认识和有效结论。系统思维在教师培训研究中具有重要的应用价值，可以帮助研究人员从整体的角度看待问题，全面分析影响教师培训的各个因素，并构建系统性的研究模型和方法。以下介绍系统思维在教师培训研究中的两种应用方法：系统动力建模和系统分析。

（一）系统动力建模

系统动力建模是指通过建立系统动力学模型用于描述和分析教师培训中各个要素之间的相互关系和相互影响。它强调从整体的角度看待问题，关注事物之间的动态变化和演化规律。在教师培训研究中，系统动力建模可以帮助研究人员深入理解教师培训的复杂性和动态性，从而提供更为科学有效的培训策略和措施。

系统动力建模的步骤包括：

（1）问题识别。明确研究的目标和问题，确定要建立模型的范围和边界。

（2）构建系统结构。建立教师培训的系统结构，包括各个要素之间的关系和作用。

（3）收集数据。收集相关数据，为模型建立提供依据。

（4）建立数学模型。使用系统动力学的数学方法，建立教师培训的动力学模型。

（5）模型验证与分析。对建立的模型进行验证和分析，检验其有效性和合理性。

（6）结论与决策。根据模型分析的结果，得出结论并提出相应的决策和建议。

（二）系统分析

系统分析是指通过系统性的方法，对教师培训的各个要素进行深入剖析和研究，以揭示其内在联系和相互影响。它强调整体性和综合性，要求从整体上把握问题的本质和发展趋势。在教师培训研究中，系统分析可以帮助研究人员全面了解教师培训的各个要素，找出问题所在，为优化培训策略和提高培训效果提供依据。

系统分析的步骤包括：

（1）问题定义。明确研究的目标和问题，确定要分析的要素和指标。

（2）数据收集。收集相关数据，包括教师培训的参与者、培训内容、培训方法、培训成果等方面的数据。

（3）数据整理与分析。对收集到的数据进行整理和分析，找出其中的规律和问题。

（4）要素关联分析。分析各个要素之间的关联和影响，找出其中的关键因素和主要影响因素。

（5）问题解决方案。根据分析的结果，提出优化培训策略和提高培训效果的解决方案。

综上所述,系统思维在教师培训研究中的应用方法主要包括系统动力建模和系统分析。通过这些方法,研究人员可以从整体的角度看待问题,全面分析影响教师培训的各个因素,并构建系统性的培训模型和方案,从而提供更为科学有效的培训策略和措施。

(三)制定相关政策和实践建议

为了促进系统思维在教师培训领域的推广和应用,需要制定相关政策和实践建议。这些策略旨在形成一个协同发展的环境,从政府到教育机构,再到教师个体,共同推动教师培训质量的提升。

1. 政府层面的政策建议

(1)应重视顶层设计,为教师培训制定全面且长远的发展规划。政府应制定长期的教师培训发展规划,清晰地勾勒出教师培训的发展方向、核心目标以及重点发展的领域,特别是要强调系统思维在培训中的核心地位,以确保培训的科学性和实效性。

(2)鼓励跨界合作,打破不同部门和行业之间的壁垒,形成教育合力。政府应鼓励教育部门、教育机构、学校、行业企业等各方共同合作,共同推进教师培训。政府可以提供相关政策和财政支持,促进各方资源的整合和共享,为教师培训提供更为丰富和多元的资源支持。

(3)建立数据监测与评估体系。政府应建立数据监测与评估体系,定期收集和分析教师培训的数据和信息,及时了解培训的实际效果和以及存在的问题,为持续改进提供有力依据。

(4)支持智能化培训。政府可以支持和鼓励教育机构和科技企业开发智能化培训工具和平台,以满足教师个性化、定制化的培训需求。

(5)加强培训师资队伍建设。政府应加强培训师资队伍的培养和发展,提高培训师的专业水平和能力,为教师提供更优质的培训服务。

2. 教育机构层面的实践建议

(1)整合资源。通过与教育部门、学校、行业企业等建立紧密的合作关系,教育机构可以形成更为全面和有效的培训支撑体系。

(2)开发智能化培训工具。教育机构可以借助科技手段提升培训的效率和效果,应充分考虑教师的不同需求和职业发展阶段,开发智能化培训工具和平台,为教师提供个性化、灵活化的学习机会。

(3)设计综合性培训方案。教育机构应设计综合性培训方案,充分考虑教师的不同需求和职业发展阶段,提供全方位的培训支持。

(4)强化培训师资。教育机构应加强培训师的培训和发展,提高他们的教学能力和专业水平，为教师提供更优质的培训服务。

（5）推广系统思维。教育机构应通过在日常培训中强调系统思维的理念和方法，帮助教师全面把握培训的全过程，提升他们的系统思考能力和问题解决能力。

3. 教师个体层面的实践建议

（1）积极参与培训。应激发教师的内在动力，鼓励教师积极参与各类培训活动。通过不断学习和提升自己的专业水平，教师可以更好地适应教育发展的新形势和新要求。

（2）建立职业发展规划。教师应建立个人的职业发展规划，明确自己的职业目标和发展路径，以便更有针对性地进行自我提升。

五、学前教师培训案例分析

学前教师对幼儿教育的质量有着至关重要的影响，他们不仅是知识的传递者，更是孩子们情感、社交、道德等多个方面发展的引导者。因此，学前教师的培训显得尤为重要，直接关系到孩子们未来的成长和发展。在传统培训中，往往过于关注具体的课程内容，而忽视了培训过程中各个要素之间的关联和互动。而系统思维则为我们提供了一个全新的视角，帮助我们从更广阔的层面来规划、实施和评估学前教师培训。

以学前教师培训为例，可以从以下三个方面探讨如何运用系统思维进行全过程培训，以提升培训效果：

（一）培训规划阶段

1. 分析需求和目标

运用系统思维，我们不仅要考虑学前教师培训的直接目标，即提升教师的专业素养和教学能力，还要深入分析受众的实际需求，以及幼儿教育生态中的各个因素。通过绘制系统图，我们可以明确各要素之间的关系，为后续的培训规划提供有力支持。

2. 整合资源

资源整合也是关键的一环。要综合考虑教材、培训场所、师资等多个资源，并分析它们之间的影响和关联。通过因果图等工具，可以深入探究资源之间的相互作用，从而制定出更加合理、高效的资源整合方案。

3. 设计课程

制订教学计划时，应从整体系统的角度出发。教学计划不仅要考虑课程之间的衔接和逻辑关系，还要结合幼儿发展规律和教学评估等因素，确保课程内容的科学性、实用性和针对性。

（二）培训实施阶段

1. 综合教学方法

运用系统思维，将不同的教学方法融合起来，满足不同学习风格和需求。同时，还要关注幼儿的认知、情感、社交等多个层面，确保培训内容与幼儿的全面发展紧密结合。

2. 引入教育科技

考虑教育科技在幼儿教育中的应用。从系统层面思考如何整合在线学习平台、教育应用等资源，为学前教师提供更加便捷、高效的学习体验。

3. 跨学科教学

运用系统思维，将不同学科的知识融合到培训中，帮助学前教师拓宽视野，提升综合素质。通过考虑艺术、科学、社会等多个学科的相互促进关系，培训内容可以更好地促进幼儿的全面发展。

（三）培训评估阶段

1. 综合评价体系

运用系统思维，建立综合的培训评价体系，从多个维度对学前教师的知识、技能、情感和价值观等进行全面评估。这样不仅可以确保培训目标的达成，还可以为后续的培训工作提供有益的反馈和改进方向。

2. 反馈循环

通过引入系统思维，建立反馈循环机制，让学员和培训师之间的反馈成为持续改进的动力。这样不仅可以提升培训质量，还可以增强学员的参与感和归属感。

3. 影响评估

考虑培训后学前教师在幼儿教育中的实际影响，分析教师培训对幼儿发展的系统性影响，从而进一步验证培训效果并优化培训方案。

综上所述，学前教师培训的全过程涉及多个要素和关系，运用系统思维进行培训可以显著提升培训效果。从培训规划、实施到评估，系统思维帮助我们从更全面的视角来思考和优化每个环节。通过引入系统思维，学前教师培训可以更好地满足幼儿教育的复杂性需求，推动幼儿教育质量的持续提升。

第 5 章 系统思维是管理的智慧

在当今快速变化的世界，我们面临的问题日益复杂，涉及的因素繁多且相互关联。为了更好地应对这些挑战，我们需要理解和应用系统思维的原则和方法。系统思维能够帮助我们更全面、深入地分析问题，优化过程，并做出更明智的决策。系统思维的核心在于将问题视为一个整体，而非孤立的元素。它强调理解各个部分之间的相互联系和相互影响，以及它们如何共同构成整个系统。通过系统思维，我们可以揭示出问题的深层次结构和动态变化，从而找到更有效的解决方案。在处理复杂问题时，系统思维可以帮助我们识别关键要素和变量，并分析它们之间的相互作用。这有助于我们更准确地把握问题的本质，避免陷入片面或表面的理解。同时，系统思维还能帮助我们预测问题的发展趋势和可能的影响，从而提前制定相应的应对策略。在优化过程方面，系统思维同样具有重要的作用。通过对过程的整体分析和优化，我们可以提高效率和效果，降低成本和风险。系统思维要求我们关注过程中的瓶颈和资源浪费，寻找改进的空间和机会。同时，它还能帮助我们协调不同部门和人员之间的合作，实现整体的最优化。在做出决策时，系统思维能够帮助我们更全面地考虑各种因素和影响。它要求我们对决策的后果进行全面的预测和评估，以权衡利弊得失。通过系统思维，我们可以避免盲目和片面的决策，提高决策的准确性和可靠性。

一、教师培训中系统思维的智慧

系统思维的智慧在教师培训领域具有重要意义。围绕教师培训领域，系统思维的智慧体现在以下几个方面。

（一）全面规划培训内容

应用系统思维全面规划教师培训内容，我们需要从整体上把握教师培训的目标、内容、方法和效果评估，确保培训工作的系统性和连贯性。以下是一些具体的建议。

第一，我们要明确教师培训的目标。这包括提升教师的教育教学能力、专业素养和职业道德水平，促进教师的专业发展，进而提升学校的教育教学质量。目标设定应具体、明确，并符合学校和教师的实际需求。第二，我们需要根据目标来规划培训内容。培训内容应涵盖教育教学理论、学科知识、教学技能、师德师风等多个方面。第三，我们还要关注教师的个人发展和职业成长，提供针对性的培训资源。在规划内容时，我们可以采用模块化的设计，将培训内容划分为不同的模块，便于教师根据自己的需求选择和学习。在培训方法上，我们也需要应用系统思维。我们可以采用线上与线下相结合、理论与实践相结合、集中培训与分散学习相结合等多种方式，以满足不同教师的学习需求。第四，我们还可以利用现代化的教育技术手段，如在线教育平台、教学视频等，提升培训的效果和效率。第五，我们还要关注培训的效果评估。通过定期的考核和反馈，我们可以了解教师的学习情况和培训效果，进而调整和优化培训内容和方法。评估结果还可以作为教师晋升和奖励的参考，激励教师积极参与培训和学习。第六，我们还要加强培训工作的组织和管理。建立完善的培训制度和管理机制，明确各部门的职责和协作方式，确保培训工作的顺利进行。同时，我们还要加强与教师的沟通和交流，了解他们的需求和意见，不断改进和优化培训工作。

总之，应用系统思维来全面规划教师培训内容，需要我们从整体上把握培训的目标、内容、方法和效果评估，确保培训工作的系统性和连贯性。这样才能有效提升教师的专业素养和教育教学能力，推动学校的教育教学质量的提升。

（二）构建多元化培训模式

系统思维强调多种观点和角度的融合，因此，在教师培训中应构建多元化的培训模式，包括课堂教学、案例分析、实践操作、小组讨论等多种形式。系统思维强调多种观点和角度的融合，这为我们构建多元化的教师培训模式提供了重要的指导原则。在全面规划教师培训内容时，我们应充分利用系统思维，构建一种融合多种形式和方法的培训模式，以满足不同教师的需求和提升培训效果。

第一，课堂教学作为教师培训的基础形式，可以系统地传授教育教学理论、教育心理学等基础知识。通过课堂教学，教师可以系统地了解教育教学的最新理念和方法，为后续的实践活动提供理论支持。第二，案例分析是一种将理论与实践相结合的有效方法。通过分析真实的教育案例，教师可以深入了解教育教学中的实际问题，学习如何运用理论知识解决实际问题。同时，案例分析还可以激发教师的思考和创新能力，促进他们的专业发展。第三，实践操作是教师培训中不可或缺的一部分。通过模拟教学、课堂观摩等形式，教师可以亲身体验教育教学过程，提升教学技能和实践能力。实践操作不仅有助于教师更好地掌握教学技巧，还可以增强他们的自信心和应对挑战的能力。第四，小组讨论也是一种有效的培训形式。通过小组讨论，教师可以分享自己的经验和观点，相互学习和借鉴。小组讨论有助于促进教师之间的交流与合作，形成良好的学术氛围和团队精神。此外，在构建多元化的培训模式时，培训组织者还需要注意以下几点：一是要确保各种形式之间的衔接和协调，避免形式上的割裂和重复；二是要根据教师的需求和特点，灵活调整培训内容和形式；三是要注重培训效果的评估和反馈，不断优化和改进培训模式。

总之，构建多元化的教师培训模式是提升教师培训效果的重要途径。通过融合课堂教学、案例分析、实践操作、小组讨论等多种形式，培训组织者可以满足不同教师的需求，提升他们的专业素养和教育教学能力，为学校的教育事业发展提供有力支持。

（三）强化教师间的交流与合作

系统思维强调团队协作和互动交流。在教师培训中，组织教师开展各种交流与合作活动，如教育教学研讨、课题研究等，促使教师在互动中分享经验、探讨问题，共同成长。

第一，教育教学研讨为教师提供了一个互动的平台，使教师们能够就教育教学中的实际问题进行深入探讨。通过分享各自的教学经验和教学方法，教师们可以相互学习、相互借鉴，从而提升自身的教学水平和能力。同时，研讨活动还可以激发教师的创新思维，促使他们不断探索新的教学理念和教学模式，以适应不断变化的教育环境。第二，课题研究作为教师培训中的一种重要形式，有助于培养教师的科研意识和科研能力。通过组织教师参与课题研究，可以引导他们关注教育领域的热点问题，深入探究教育教学的内在规律，提出有针对性的解决方案。在课题研究过程中，教师需要与团队成员进行密切合作，共同分析问题、设计方案、收集数据、撰写报告等，这有助于培养教师的团队协作精神和沟通能力。第三，组织教师开展交流与合作活动还可以促进教师之间的情感交流，增强教师团队的凝聚力和向心力。通过共同参与各种活动，教师们可以增进相互了解和信任，形成积极向上的团队氛围。这种氛围有助于激发教师的工作热情和积极性，提高他们的工作满意度和归属感。为了有效组织教师的交流与合作活动，我们需要制定详细的计划和方案，明确活动的目标、内容、形式和时间安排。第四，培训组织者还需要为教师们提供必要的支持和资源，如提供活动场地、配备相关设备、邀请专家指导等。第五，培训组织者还应建立相应的激励机制，对在交流与合作活动中表现突出的教师进行表彰和奖励，以激发更多教师积极参与。

总之，系统思维强调的团队协作和互动交流在教师培训中具有重要价值。通过组织教师开展各种交流与合作活动，培训组织者可以促进教师之间的知识共享和经验交流，提升教师的教学水平和科研能力，推动教师团队的整体发展。

（四）注重实践性培训

系统思维强调实践与理论相结合。在教师培训中，注重实践性教学，组织教师参与教育教学实践活动，如教学改革、课程开发等，让教师在实践中锻炼系统思维，提高教育教学能力。首先，系统思维强调整体性和关联性，要求教师在处理教育教学问题时能够全面考虑各方面因素，把握问题的本质和规律。通过参与实践性教学活动，如教学改革和课程开发，教师能够亲身体验到教育教学工作的复杂性和多样性，从而更深入地理解和应用系统思维。其次，实践性教学为教师提供了宝贵的锻炼机会。在教学改革中，教师需要运用系统思维来分析和解决教学中的实际问题，如调整教学内容、改进教学方法等。这些实际操作有助于教师将系统思维的理论知识转化为实际能力，提升教育教学水平。最后，课程开发也是锻炼教师系统思维的重要途径。在开发课程的过程中，教师需要综合考虑课程目标、内容、教学方法和评价等多个方面，确保课程的系统性和连贯性。这一过程不仅要求教师具备扎实的专业知识，还需要其具备系统思维的能力，以便从整体上把握课程的设计和实施。

通过参与这些教育教学实践活动，教师不仅能够锻炼系统思维，还能在实践中不断反思和总结，进一步提高自己的教育教学能力。同时，这些实践经验也有助于教师更好地理解和应用教育教学理论，实现理论与实践的相互促进。因此，在教师培训中注重实践性教学，组织教师参与教育教学实践活动，是提升教师系统思维能力和教育教学能力的有效途径。培训组织者应该继续加强这方面的工作，为培养更多优秀的教师提供有力支持。

（五）引导教师进行反思性教学

系统思维强调反思与总结，这一理念对于教师培训具有深远的意义。在教师培训中，引导教师进行反思和总结，可以帮助他们深入理解教育教学现象背后的原因，从而提高教育教学的针对性和有效性。

首先，反思是教师提升教学水平的重要途径。在教学过程中，教师会遇到各种各样的问题和挑战。通过反思，教师可以回顾自己的教学实践，分析成功和失败的原因，总结经验教训。这种反思过程有助于教师深入理解教育教学规律，发现自身存在的不足，并寻找改进的方向。其次，总结是教师提升教育教学能力的重要手段。在反思的基础上，教师需要对自己的教学经验进行系统的总结。通过总结，教师可以将零散的教学经验整合成完整的知识体系，形成自己的教学风格和特色。同时，总结还可以帮助教师提炼出教育教学中的普遍规律和特殊现象，为今后的教学实践提供指导。

在引导教师进行反思和总结的过程中，教师培训者可以采取多种措施。例如，可以组织教师进行集体备课和评课活动，让他们相互交流和分享教学经验；可以邀请专家进行讲座和指导，为教师提供理论支持和专业建议；还可以鼓励教师撰写教学反思日志或教学案例，将反思和总结的成果形成文字材料，便于日后的查阅和借鉴。此外，为了提高反思和总结的效果，教师培训者还可以为教师提供一些具体的反思和总结方法。例如，教师可以采用SWOT分析法来评估自己的教学优势、劣势、机会和威胁；可以利用思维导图来梳理教学过程中的关键节点和逻辑关系；还可以运用量化分析方法来评估教学效果和学生反馈等。教师培训中通过引导教师进行反思和总结，不仅可以提升教师的教育教学能力，还可以促进教师的专业成长和自我发展。反思和总结让教师不断审视自己的教学实践，发现不足并寻求改进，从而逐步提高自己的教学水平。同时，反思和总结还有助于教师形成自己的教学特色和风格，增强他们的教学自信心和成就感。

综上所述，系统思维强调的反思与总结在教师培训中具有重要作用。通过引导教师进行反思和总结，教师培训可以帮助教师深入理解教育教学现象背后的原因，提高教育教学的针对性和有效性，促进教师的专业成长和自我发展。

（六）提供持续性支持

系统思维强调持续发展，这一理念在教师培训中具有重要意义。为了确保教师能够巩固和提升培训成果，实现专业发展，培训组织者应为教师提供持续的学习机会。

首先，定期举办培训班是教师持续学习的有效途径。这些培训班可以根据教师的实际需求和教学热点进行设计，涵盖教育教学的各个方面。通过参加培训班，教师可以系统地更新知识，掌握新的教学方法和技能，提升教学效果。其次，研讨会也是教师持续学习的重要平台。研讨会通常聚焦于某个特定主题或问题，邀请专家学者进行讲座和交流。教师可以借此机会与同行进行深入的探讨，分享经验和心得，拓展视野和思路。再次，培训组织者还可以利用网络平台为教师提供持续学习的机会。例如，可以建立在线学习平台，为教师提供丰富的教育教学资源，如课程视频、教学案例、学术论文等。教师可以根据自己的时间和需求进行自主学习，不断提升专业素养。最后，在为教师提供持续学习机会的同时，培训组织者还应关注教师的实际需求和学习效果。可以通过问卷调查、座谈会等方式了解教师的反馈和建议，不断优化培训内容和形式。同时，还可以建立学习成果展示机制，鼓励教师将所学应用于教学实践，分享成功案例和经验，形成良好的学习氛围。总之，系统思维强调持续发展，为教师提供持续的学习机会是实现教师专业发展的关键。通过定期举办培训班、研讨会等活动，以及利用网络平台提供丰富的教育教学资源，培训组织者可以帮助教师巩固和提升培训成果，实现专业发展，为教育事业的发展贡献力量。

（七）建立评价与反馈机制

系统思维强调评价与反馈，这一原则在教师培训中至关重要。通过建立教师培训成果的评价与反馈机制，我们可以对教师的学习成果和培训效果进行客观、全面的评估，进而及时调整培训策略，更好地培养教师的系统思维。

首先，评价机制的建立有助于客观评估教师的学习成果。通过设定明确的评价标准和指标，培训组织者可以对教师在培训过程中的表现进行量化评估，包括知识掌握程度、技能提升情况、参与度等方面。这种评价不仅能够帮助教师了解自己的学习情况，还能为培训者提供反馈，以便调整培训内容和方式，更好地满足教师的需求。其次，反馈机制的建立有助于及时反映培训效果。通过收集教师的反馈意见，培训组织者可以了解培训过程中的优点和不足，以及教师对培训内容的理解和应用情况。这种反馈对于优化培训策略、提高培训质量具有重要意义。同时，及时向教师提供反馈，可以帮助他们认识到自己的不足，并引导他们进行改进，进一步提升系统思维能力。总之，建立教师培训成果的评价与反馈机制是培养教师系统思维的重要保障。通过客观评估教师的学习成果和培训效果，并及时提供有效的反馈和指导，培训组织者可以帮助教师不断提升自己的系统思维能力，为教育事业的发展贡献更大的力量。

二、发展系统思维的能力

培养系统思维需要一定的学习、实践和培养方法。以下是一些方法和建议，帮助你逐步发展系统思维能力。

（一）学习系统思维的基本概念和原理

开始之前，了解系统思维的基本概念、要素和原理是很重要的第一步。阅读相关书籍、文章或在线课程，深入理解系统思维的核心概念。

（二）练习绘制系统图和因果图

使用纸笔或电子工具，练习绘制系统图和因果图。通过可视化的方式，将复杂系统的元素、关系和循环呈现出来，有助于更清晰地理解问题的本质。

1. 系统图主要用来展示系统中各个要素之间的关系和相互作用

以下是绘制系统图的基本步骤：

（1）确定系统边界和主要要素；
（2）分析要素之间的关系；
（3）绘制系统图；
（4）审查与修订。

2. 因果图主要用于展示问题或现象的原因和结果之间的关系

以下是绘制因果图的基本步骤：
（1）确定问题或现象；
（2）列出可能的原因；
（3）分析原因与结果的关系；
（4）绘制因果图；
（5）审查与修订。

（三）分析复杂问题

针对一个复杂问题，尝试将其拆解为多个元素，并分析它们之间的相互关系和影响。思考因果关系，以及可能的反馈循环。要培养分析复杂问题的能力，我们需要建立起一个系统的知识框架。知识是分析问题的基础，没有扎实的知识储备，我们很难对复杂问题有深入的理解。因此，我们需要不断学习，扩大自己的知识面，掌握与问题相关的基本理论和知识。同时，我们也要学会将问题置于更广泛的知识体系中进行思考，以便从多个角度审视问题，形成全面而深入的认识。批判性思维的培养对于分析复杂问题至关重要。批判性思维意味着我们要学会质疑和反思，不盲目接受现有的观点或解决方案。在分析问题的过程中，我们应该保持独立思考，对问题的各个方面进行深入剖析，找出问题的根源和本质。同时，我们也要学会区分事实和观点，避免被主观偏见所影响，从而得出更加客观和准确的结论。

此外，逻辑分析工具的运用也是分析复杂问题的关键。逻辑分析工具可以帮助我们更加清晰地梳理问题的脉络，找出问题的关键所在。例如，因果分析可以帮助我们找出问题的原因和结果，分类与归纳可以帮助我们对问题进行分类和整理，演绎推理则可以帮助我们从一般原理推导出个别结论。通过学习和运用这些逻辑分析工具，我们可以更加高效和准确地分析复杂问题。

实践经验对于培养分析复杂问题的能力同样重要。理论知识的学习固然重要，但真正的提升往往来自于实践中的不断摸索和总结。我们应该积极参与实践工作，将所学知识应用到实际问题的解决中。在实践中，我们会遇到各种各样的问题和挑战，通过不断尝试和反思，我们可以逐渐积累起分析复杂问题的经验和方法。团队合作与交流也是提升分析复杂问题能力的有效途径。在团队中，我们可以与不同背景、不同专长的成员共同研究和分析问题。通过分享彼此的观点和见解，我们可以拓宽视野，获得更多的灵感和思路。同时，团队合作也可以帮助我们学会倾听和尊重他人的意见，形成更加全面和客观的分析结果。最后，持续学习的态度对于培养分析复杂问题的能力至关重要。社会在不断进步，知识在不断更新，我们需要保持对新知识、新技能的渴望和追求。通过不断学习和提升自己，我们可以保持敏锐的洞察力和分析能力，更好地应对复杂问题的挑战。

综上所述，培养分析复杂问题的能力是一个长期而复杂的过程。我们需要建立起系统的知识框架，培养批判性思维，运用逻辑分析工具，积累实践经验，加强团队合作与交流，并保持持续学习的态度。只有这样，我们才能不断提升自己的分析复杂问题的能力。

（四）跨学科思考

学习来自不同领域的知识，将不同领域的概念和方法结合起来，以便更全面地看待问题。跨学科思考在教师培训中具有重要的应用价值。为了更好地发挥跨学科思考的作用，教师培训应该注重跨学科知识的学习和交流，鼓励教师打破学科壁垒，开展跨学科的教学和研究活动。同时，还需要建立相应的评价和激励机制，以激发教师参与跨学科思考和实践的积极性和主动性。通过这些措施的实施，相信跨学科思考将在教师培训中发挥更大的作用，为教师的专业发展和教育创新做出更大的贡献。

（五）关注动态变化

观察事物的变化和演化过程。考虑事物是如何随着时间推移而发展的，以及这些变化是如何相互影响的。事物的变化往往不是孤立的，而是与其他事物的发展密切相关。这些变化之间的相互影响构成了一个复杂的网络，使得整个系统呈现出一种动态平衡的状态。以生态系统为例，一个物种数量的变化可能会影响到其他物种的生存状态，进而对整个生态系统的稳定性产生影响。

（六）运用故事模型

将问题或情景构建成一个故事，描述其中的元素、关系和变化。通过讲故事的方式，更好地理解系统的运作。系统思维对于理解和改进复杂系统至关重要。通过构建故事模型，我们可以更好地理解系统中的元素、关系和变化，找到问题的根源和解决方案。在教育领域，运用系统思维可以帮助教师更好地应对各种挑战，提升教育教学能力，推动教育事业的持续发展。

(七)练习系统模拟

利用计算机工具进行系统模拟,观察在不同条件下系统的变化。这有助于深入理解系统的动态性和非线性特征。例如,在一个宁静的午后,李华坐在电脑前,准备进行一次系统模拟练习。作为一名热衷于系统思维的教育者,他深知通过计算机工具进行系统模拟的重要性。这次,他打算模拟一个简化的教育系统,以观察不同条件下系统的动态性和非线性特征。首先,李华打开了他的模拟软件。这款软件拥有强大的仿真能力,可以模拟各种复杂系统的运作。他开始构建教育系统的基本框架,包括教师、学生、课程、教学资源等要素。每个要素都被赋予了相应的属性和行为规则,以确保模拟的真实性。接下来,李华设定了不同的模拟条件。他改变了教师的教学方法、学生的学习态度、课程的难易程度以及教学资源的分配方式。然后,他启动了模拟程序,让系统在这些不同条件下自行运作。随着模拟的进行,李华开始观察到系统的变化。他发现,当教师采用更加生动有趣的教学方法时,学生的学习兴趣明显提高,学习效果也相应提升。然而,当课程难度过大或教学资源分配不均时,学生的学习压力增大,效果反而下降。这些变化并非线性的,而是呈现出复杂的动态特征。李华还注意到,系统中的各个要素之间存在着相互影响和制约的关系。例如,教师的教学方法不仅影响学生的学习效果,还受到教学资源的限制;而学生的学习态度又反过来制约教师的教学积极性。这种相互作用的非线性特征使得系统更加难以预测和控制。通过这次模拟练习,李华对教育系统的动态性和非线性特征有了更深入的理解。他意识到,要想优化教育系统的运作,必须从整体出发,综合考虑各个要素之间的关系和相互影响。同时,他也认识到了计算机工具在系统模拟中的重要作用,这为他未来的研究和教学工作提供了有力的支持。在未来的日子里,李华计划利用更多的计算机工具进行系统模拟练习,以探索更多复杂系统的运作规律。他相信,通过不断地练习和实践,他将能够更好地掌握系统思维的方法,为教育事业的发展贡献自己的力量。

(八)多角度思考

从不同的角度审视问题,考虑多种可能性和影响。避免陷入单一因果思维,而是尝试理解整体系统。在复杂系统中,一个问题往往由多个因素共同作用产生,而这些因素之间的关系可能是线性的,也可能是非线性的。因此,我们需要考虑各种可能的情况和因素组合,以及它们可能带来的不同影响。这种思维方式有助于我们更全面地把握问题的复杂性和不确定性。同时,我们需要避免陷入单一因果思维的误区。单一因果思维是指我们只看到问题的一个方面或一个原因,而忽略了其他可能的原因和影响因素。这种思维方式容易导致我们对问题的理解过于简化和片面，从而无法有效地解决问题。因此，我们需要时刻保持警惕，不断反问自己是否考虑了所有的可能性和影响因素。最后，尝试理解整体系统也是非常重要的。整体系统是由多个相互关联、相互作用的部分组成的，这些部分之间的关系可能是复杂的、动态的。因此，我们需要从整体的角度去分析问题，理解各个部分之间的相互作用和关系，以及它们对整个系统的影响。这种思维方式有助于我们更全面地把握系统的结构和功能，从而提出更有效的解决方案。

（九）学习案例分析

阅读实际案例是学习和理解系统思维在解决问题和促进创新应用方面的有效途径。通过分析这些案例，我们可以学习到他人是如何运用系统思维来分析复杂情境，从而找到解决问题的新方法，推动创新的产生。

一个典型的案例是丰田生产系统（Toyota Production System，TPS）。它是丰田公司运用系统思维，成功地构建了一套高效、灵活且质量卓越的生产体系。TPS强调整体优化而非局部优化，注重生产流程中各个环节的协同与平衡。通过消除浪费、持续改进和员工参与等方式，丰田实现了生产效率的大幅提升和产品质量的显著提高。这个案例展示了系统思维在优化生产流程、提高生产效率方面的应用。

另一个案例是城市规划中的系统思维应用。随着城市化进程的加速，城市规划面临着越来越多的挑战。运用系统思维，城市规划者可以综合考虑交通、环境、经济、社会等多个方面的因素，制定出更加全面和可持续的城市发展规划。例如，通过优化交通网络、推广绿色出行方式、提高能源利用效率等措施，实现城市的可持续发展。这个案例展示了系统思维在解决城市复杂问题、推动城市可持续发展方面的应用。

系统思维有三个关键要素：首先，系统思维强调整体性和关联性，将问题置于更广阔的系统背景中进行考察；其次，系统思维注重动态性和演化性，关注系统的变化和发展趋势；最后，系统思维强调多元化和包容性，考虑多种可能性和影响因素，避免陷入单一因果思维的误区。

（十）交流与合作

与他人分享思考和观点，参与讨论和团队合作。不同的观点和反馈有助于拓展思维。例如，在一次教育研讨会上，王老师有幸与几位教育专家和教师共同讨论如何提高教师的教学能力。他们围绕系统思维在教育中的应用展开了深入的讨论。每个人都积极分享自己的见解和经验，提出了许多宝贵的观点和建议。通过与他人分享自己的思考，王老师发现个人的思维方式得到了拓展。原本只关注于系统思维在教学设计中的应用，但听了其他人的发言后，他意识到系统思维还可以用于教师团队协作、学生管理等多个方面。这种交流让王老师更加全面地理解了系统思维在教育中的价值和意义。同时，王老师也从他人的反馈中获得了宝贵的建议。有位教师提出，在应用系统思维时，我们需要更加注重学生的个体差异和需求，以确保教育的公平性和有效性。这个观点让王老师深受启发，他开始思考如何在教学中更好地关注学生的个体差异，以满足他们的不同需求。参与团队合作也让王老师受益匪浅。他们组成了一个小组，共同设计了一个基于系统思维的教师培训方案。在合作过程中，他们互相学习、互相支持，共同解决了许多难题。这种团队合作让王老师学会了如何与他人协作、如何有效沟通以及如何处理团队中的冲突和分歧。通过这次交流与合作，王老师不仅提高了自己的教育教学能力，还拓展了自己的思维方式和视野。王老师深刻认识到，与他人分享思考和观点、参与讨论和团队合作是成长和进步的重要途径。在未来的工作中，王老师将继续积极参与交流与合作，不断提升自己的能力和水平。

（十一）持续反思和改进

每次解决问题或应用系统思维后，进行反思。考虑自己是如何运用系统思维的，是否有改进的空间。

（十二）实践和耐心

培养系统思维需要时间和实践。培养系统思维确实是一个循序渐进的过程，它无法一蹴而就，需要我们持续地投入时间和精力去学习和实践。系统思维不仅仅是一种思维方式，更是一种习惯和能力，需要我们在日常工作和生活中不断加以运用和锻炼。

首先，学习是提升系统思维的基础。我们需要通过阅读相关书籍、参加培训课程或向专家请教等方式，了解系统思维的基本理论和方法。这些理论知识可以帮助我们建立起对系统的整体认知，理解系统中的各个元素以及它们之间的相互作用关系。其次，实践是提升系统思维的关键。我们需要将所学的理论知识应用到实际问题中，通过解决具体的问题来锻炼自己的系统思维能力。在实践过程中，我们需要学会从整体的角度去看待问题，分析问题的根源和影响因素，并尝试找到解决问题的最佳方案。最后，反思是提升系统思维的重要环节。我们需要在实践后及时回顾和总结自己的经验和教训，分析自己在系统思维方面的不足和需要改进的地方。通过反思，我们可以不断地优化自己的思维方式和方法，提高自己的系统思维能力。在培养系统思维的过程中，我们还需要保持开放的心态和持续学习的精神。系统思维是一个不断发展的领域，新的理论和方法不断涌现。我们需要保持对新知识的好奇心和求知欲，不断更新自己的知识体系，以适应不断变化的环境和需求。

第6章 案例研究

复杂系统理论和系统思维是本研究的逻辑起点，复杂系统研究着重探讨系统演化的基本特征和机制机理，因此，应该从宏观与微观层面去理解教师在接受培训学习和培养成长过程的复杂性、多样性、丰富性的鲜活事实，对教师培训和培养过程进行动态理解。系统思维是一种综合性的思考方式，它能够帮助更好地理解事物的相互关系和整体运作机制。在教师培训和培养实践过程中应用系统思维，可以帮助培训组织者确保整个过程更全面、更有针对性，同时能够更好地适应复杂的教育生态环境。

一、使用案例研究的理由

1. 具体性与实际性

案例是真实的教育场景，涉及具体的教师、学员、学科等因素。通过案例分析，能够更好地反映培训中可能面临的真实问题和挑战，使得系统思维更具实际指导性。

2. 全面性考量

案例分析有助于综合考虑教育培训系统的多个方面。教师培训是一个综合性的系统，包括师资、教材、课程设计、学员差异等多个元素，而案例能够涵盖这些元素，使得系统思维更加全面。

3. 因果关系的理解

案例能够帮助培训者深入理解各种元素之间的因果关系。通过具体案例，能够看清不同元素之间的相互作用，有助于系统思维更深层次的分析，推动培训者更全面地思考问题。

4. 实践启示

案例分析有助于培训者从实际操作中提炼出有价值的经验和教训。通过分析成功的案例，可以发现其中的成功因素并加以借鉴；反之，通过分析失败的案例，可以找到问题的根本原因，为培训者提供改进的思路。

5. 教学策略的提炼

通过案例分析，可以提炼出具体的教学策略和方法。这些策略和方法是系统思维的具体体现，能够帮助培训者更好地规划和实施教育培训计划。

6. 互动与分享

案例分析是一个有助于互动和分享的过程。不同的教育者在分析案例时可以提出不同的观点和经验，从而促进彼此的学习和共同成长。

二、案例分享

1. 不同学科、学段的教师及校长、园长的短期培训

案例一：中小学数学教师培训

（1）明确整体目标。

总体目标：提高中小学数学教师的教学水平，促进学生数学学科能力的全面提升。

子目标：

①提高教师数学知识水平；

②引导教师运用创新的数学教学方法；

③提升课堂互动和学生参与度；

④培养教师利用技术手段辅助数学教学。

（2）分析影响因素。

①教师个体素质：教师的数学学科背景、教龄、教学经验；

②学科知识和教材：数学教材的质量和适应性，考虑不同年级的数学内容特点；

③学生差异：学生在数学学科上的兴趣水平和认知发展水平；

④课堂管理：教师在数学课堂管理方面的挑战，如学生专注度和纪律问题；

⑤教育技术：教师对数学教育技术的了解和应用水平。

（3）建立反馈机制。

①通过问卷调查，了解教师对数学教学的需求和问题；

②进行课堂观察，收集实际数学教学中的反馈和互动情况；

③与学生和家长交流，获取对数学教学的反馈。

（4）制订计划和策略。

①制订阶段性培训计划，包括数学知识提升、创新教学法引导、课堂互动技巧培训、数学教育技术应用等；

②安排不同形式的培训，如专题讲座、教学研讨会、实践案例分享等。

（5）整合资源。

①确保有数学领域的专业培训师，包括数学学科专家、教学法专家、科技教

育专家等；

②提供培训所需的数学教材、案例和教学工具；

③利用在线平台和社交媒体分享数学教学资源和经验。

（6）监测和调整。

①设立培训效果评估机制，收集教师的反馈和实际教学数据；

②根据评估结果调整培训内容和方式；

③不断更新培训计划，确保培训的实效性和可持续性。

（7）培训内容的科学编排。

①将数学培训内容划分为基础知识、教学方法、课堂互动和技术应用等模块；

②鼓励教师通过小组合作和实际教学案例分析，促进理论知识的转化。

（8）激发创新和改进。

①鼓励教师提出改进建议，设立奖励机制；

②在培训过程中引入数学教学的最新研究和趋势，激发教师的创造力和专业兴趣；

通过系统思维，该中小学数学教师培训案例考虑了整体系统，确保各个环节相互关联、相互影响，以提高整体培训效果。

案例二：中小学校长培训

（1）整体目标。

总体目标：提高中小学校长的领导力，推动学校整体发展。

子目标：

①培养校长战略规划和决策能力；

②提升校长团队协作和管理技能；

③强化学校与社区、家长的沟通与合作。

（2）分析影响因素。

①校长个体素质：校长的领导风格、管理经验和学科专业背景；

②学校文化和氛围：学校的文化对领导力发展的影响，了解师资队伍和家长的期望；

③师资队伍：学校教职员工的专业素养和对领导层的期望；

④社区和家长：社区对学校的期望和家长对学校领导层的信任度；

⑤教育政策：政府教育政策对学校领导层的要求和支持。

（3）建立反馈机制。

①进行360度评估，包括校长自评、教职员工评估、家长和学生评估；

②通过定期座谈会、反馈会议等形式收集校长和团队的意见和建议；

③了解学校在不同领域的发展需求，例如课程改革、师资培训等。

（4）制订计划和策略。
①制订校长培训计划，包括领导力训练、团队建设、决策与问题解决等模块；
②安排不同形式的培训活动，如专业导师讲座、案例分析、团队合作项目等；
③制定长期规划，确保培训和发展的持续性。
（5）整合资源。
①确保培训师资的多样性，包括教育专家、企业领导、心理学家等；
②提供必要的培训资料、工具和技术支持；
③利用在线平台和社交媒体进行资源分享和交流。
（6）监测和调整。
①设立校长绩效评估机制，收集360度反馈和实际学校发展数据；
②根据评估结果调整培训内容和方式；
③随时调整培训计划，以适应学校变化和发展的需要。
（7）培训内容的科学编排。
①将培训内容分阶段，确保校长能够逐步应用所学知识和技能；
②引导校长通过个案分析、团队项目等方式，将领导力理论转化为实际操作。
（8）激发创新和改进。
①鼓励校长提出学校发展的创新建议，并设立奖励机制；
②引入最新的教育领域研究和领导力理论，激发校长对教育创新的兴趣和动力。

通过系统思维，该中小学校长培训案例考虑了整体系统，确保各个环节相互关联，形成一个有机的整体，使得培训更有针对性、全面性，有助于提升校长整体的领导力和管理水平。

案例三：学前骨干教师培训
（1）整体目标。
总体目标：提高学前教师的综合素养，促进儿童全面发展。
子目标：
①提高学前教师的儿童发展心理学知识；
②提升教师的沟通与团队协作能力；
③强化学前教育课程设计和实施能力。
（2）分析影响因素。
①学前教师个体素质：教师的专业背景、沟通能力、亲子关系理解等因素；
②儿童发展特点：不同年龄段儿童的认知、情感、社交等方面的发展特点；
③课程设计和实施：教师在设计和实施学前教育课程时可能面临的挑战和需求；

④家庭与社区合作：家庭和社区对学前教育的期望和支持程度。

（3）建立反馈机制。

①进行学前教师的自我评估和同事评估；

②通过家长会议、家庭问卷等方式，获取家长对学前教育的反馈；

③定期组织教师座谈会，收集教师的意见和建议。

（4）制订计划和策略。

①制订学前教师培训计划，包括儿童发展心理学、沟通技巧、课程设计与实施等多个方面；

②安排形式多样的培训活动，如研讨会、工作坊、实地观摩等；

③设计导师制度，引导学前教师进行实际案例分析和教学设计。

（5）整合资源。

①确保有专业的学前教育专家和心理学专家参与培训；

②提供相关的学前教育教材、资源和工具；

③利用在线平台建立教师互动和资源分享机制。

（6）监测和调整。

①设立学前教育评估机制，包括教师自我评估、家长评估、儿童发展评估等；

②根据评估结果及时调整培训内容和方式，确保培训的实效性；

③关注学前教育领域的最新研究和发展，随时调整培训计划。

（7）培训内容的科学编排。

①将培训内容分阶段，逐步深入，确保学前教师能够逐步应用所学知识；

②通过案例分析、角色扮演等方式，提升学前教师的实际操作能力。

（8）激发创新和改进。

①鼓励学前教师提出创新教育方法，并设立奖励机制；

②引入新的儿童教育理念，促使学前教师在实践中不断改进和创新。

通过系统思维，该学前骨干教师培训能够更全面地考虑教师、儿童、家长和社区等多方面的因素，从而使培训更具有针对性和实效性，有助于提升学前教育的质量。

案例四：教研员培训

（1）整体目标。

总体目标：提高学校教研员的专业素养，推动学校教学水平的提升。

子目标：

①加强教研员的学科知识水平；

②提升教研团队的协作和创新能力；

③强化教育技术应用与数据分析能力。

（2）分析影响因素。

①教研员个体素质：分析教研员的专业背景、教学经验和领导能力；

②学科知识和教材：评估学科知识的更新速度，分析教材对教学的支持程度；

③团队协作：考虑教研团队内部的协作方式、沟通效率和问题解决能力；

④教育技术：了解教研员对教育技术的熟悉程度和应用水平。

（3）建立反馈机制。

①通过个人发展计划和自我评估，了解教研员的需求和发展方向；

②进行团队内外的360度评估，收集同事、学生和领导的反馈；

③设立定期反馈会议，鼓励教研员分享经验和提出改进建议。

（4）制订计划和策略。

①制订教研员继续教育培训计划，包括学科知识更新、团队建设、教育技术应用等模块；

②安排形式多样的培训活动，如学术讲座、研讨会、实践案例分享等；

③设计小组项目，鼓励团队协作，提升团队创新和解决问题的能力。

（5）整合资源。

①确保有学科专家、教育技术专家、团队建设专家等专业人才参与培训；

②提供相关的学科资源、教材和技术支持；

③利用在线平台建立资源共享和讨论的机制。

（6）监测和调整。

①设立教研员绩效评估机制，收集个人和团队的绩效数据；

②根据评估结果调整培训内容和方式，确保培训的实效性；

③定期更新培训计划，关注学科发展趋势和教育技术的最新进展。

（7）培训内容的科学编排。

①将培训内容分为不同层次，逐步提升教研员的综合素养；

②引导教研员通过实际项目应用所学知识，促进理论与实践相结合。

（8）激发创新和改进。

①鼓励教研员提出教学改革和研究创新的建议，并设立奖励机制；

②引入新的教育理念和研究方法，激发教研员对学科研究的兴趣和动力。

通过系统思维，该学校教研员继续教育培训能够更全面地考虑个体和团队、学科知识和教育技术等多方面的因素，确保培训更具有针对性和实效性，有助于提升学校教研水平。

2. 省级示范短期培训项目

（1）背景：为了提升省内教师的教学能力和教育管理水平，项目组承接了某省教育厅开展的一项教师培训的省级示范项目，旨在通过科学、全面、系统的教学设计和培训模式,培养教师在复杂教育环境中运用系统思维解决问题的能力,提高教师的教学能力和专业素养。为了更好地实施该项目,项目组决定采用基于系统思维的培训方法,以全面解析和指导教师培训全过程。

(2)步骤:

①前期调研与规划。首先对全省教师队伍进行需求调研,明确他们在实际工作中遇到的问题及需要提升的技能,结合系统思维理论框架,制定针对性的培训方案。

②培训需求分析。通过问卷调查、教师座谈会等方式,收集教师对短期培训的需求和期望,了解他们在教学过程中面临的问题和困惑。运用系统思维的方法,分析和整理教师培训需求的关键要素和相互关系。

③培训设计。根据需求分析的结果,制定详细的培训方案和教学大纲。利用系统思维的方法,构建培训设计的因果图,明确培训目标、培训内容和培训方法之间的关系。同时,考虑到培训实施过程中可能出现的问题和挑战,制定相应的应对策略。

④系统课程设置。设计一系列涵盖系统理论、教育管理、教学创新、问题解决等模块的课程,如"系统思维在教学中的应用""教育生态系统的构建与优化"等,并邀请相关领域的专家进行授课。

⑤培训实施。组织培训师资团队,进行教师短期培训的实施。在培训过程中,运用系统思维的方法,引导教师思考和分析教学问题的根本原因,并通过系统思维的工具和方法,培养教师的系统思维能力。同时,通过教学案例分析、小组讨论、实际操作等多种方式,帮助教师将系统思维应用到实际教学中。

⑥混合式学习实践。除了理论讲授外,还组织实地考察、小组研讨、案例分析等多种形式的学习活动,让教师在实践中理解和运用系统思维。

⑦培训评估。采用定量和定性相结合的方式,对教师短期培训的效果进行评估。通过问卷调查、观察记录、教学成果展示等方式,收集教师在培训后的教学改进情况和学习收获。同时,利用系统思维的方法,分析评估结果,总结培训的优点和不足,并提出改进建议。

⑧反馈与调整。在整个培训过程中,持续收集参训教师的反馈意见,不断优化培训内容和方式,确保培训效果的最大化。

⑨推广应用。根据该省示范项目的成功经验,教育厅可以将基于系统思维的教师短期培训方法推广到其他地区和单位。通过培训师资团队的培养和建设,推动教师培训工作的系统化和规范化发展,提升教师的教学质量和专业发展水平。

该案例通过基于系统思维的方法,全面解析和指导教师短期培训全过程,从需求分析到培训设计、实施和评估,提供了一种系统化的思维框架和方法,有助于提升教师培训的效果和质量。

（3）具体案例：以下是一个成功的省级短期培训项目案例，旨在提升省内教师的教学能力和教育管理水平。

背景：该省作为教育发展的重要地区，为了提高教师的专业水平和教学能力，实施了一项短期培训项目。该项目旨在通过提供专业培训和交流平台，帮助教师提高教学水平、教育管理技能和教育创新能力。

课程设置建议：

①教学方法与策略。提供教学方法和策略的培训，包括多元化教学、个性化教学、互动式教学等。帮助教师学习如何设计和实施有效的教学活动，以满足学生的不同需求。

②教育心理学。提供关于学生发展和学习心理的培训，帮助教师了解学生的心理需求和学习特点。这有助于教师更好地理解学生的行为和情绪，有效地应对不同学生的需求。

③课程设计与评估。提供课程设计和评估的培训，帮助教师设计有吸引力和有效果的课程，并学习如何评估学生的学习成果。这有助于教师提高课堂教学效果和学生的学习成绩。

④教育技术应用。提供教育技术应用的培训，包括使用教育软件、多媒体教学工具和在线教学平台等。帮助教师掌握现代教育技术，提高教学效率和教育创新。

⑤教育管理与领导力。提供教育管理和领导力的培训，帮助教师了解教育管理的原理和实践。这有助于教师提高组织和管理能力，推动学校的发展和改进。

⑥教育研究与专业发展。提供教育研究和专业发展的培训，帮助教师了解教育研究方法和学术发展途径。这有助于教师持续学习和专业成长，提高教育实践的质量和影响力。

具体的课程设置应根据当地的需求、教师群体和资源条件进行调整。为了提高培训效果，可以考虑设置实践操作和案例分析的环节，让教师有机会将所学知识和技能应用到实际教育中。此外，还可搭建教师专业发展的平台，鼓励教师之间的交流与合作，共同提升教育质量和水平。

实施过程：该短期培训项目以多种形式和内容进行，包括教学方法研讨、教育理论学习、案例分析、教学实践等。培训内容涵盖了课堂教学技巧、教育心理学、学科知识更新、教育管理等方面的内容。培训采用专业的培训师资团队，结合实际案例和互动教学，提供参与者实际操作和反思的机会。

培训效果：通过该培训项目，许多教师取得了显著的提升。他们在教学方法、教育理论和教育管理方面有了新的认识和应用能力。许多教师在教育创新方面有了新的思路和实践,通过教学实践的改进提高了学生的学习效果。此外,该项目还促进了教师间的交流与合作,搭建了教师专业发展的平台。

影响和启示:该省教师培训项目的成功案例为其他地区提供了有益的经验和启示。通过提供专业的培训和交流平台,可以帮助教师提高教学能力、教育管理水平和教育创新能力。此外,培训项目的设计应注重实践操作和反思,鼓励教师将培训内容应用到实际教学中。同时,建立教师专业发展的长效机制,持续支持和促进教师的专业成长和学习。

(4)成果展示:经过为期一个月的短期培训,参训教师们不仅深入理解了系统思维的理念与方法,更能在日常教育教学中灵活运用,有效提升了教学质量与教育管理水平。此外,该项目的成功举办也为其他地区和学校提供了可借鉴的教师培训新模式,进一步推动了全省乃至全国教师队伍素质的整体提升。

(5)总结:基于系统思维的教师短期培训项目,以科学的方法论为指导,通过丰富多元的培训形式,成功帮助教师实现从单一知识点传授到全局系统思考的转变,充分体现了省级示范项目的引领作用和社会价值。

3. 高端长期人才培养项目

(1)背景:随着教育的快速发展和变革,教师的专业成长和教育质量提升成为了教育领域的核心议题。为响应国家深化教师队伍建设改革的战略要求,某省教育厅决定开展"百千万"教师长期培养项目,采用系统思维作为核心理念,旨在培养一百名名校(园)长、一千名骨干教师和万名优秀学科教师的专业能力和发展潜力。为了确保项目的有效实施,教育局决定采用基于系统思维的培训方法,旨在通过长期、分阶段、递进式的培养策略,全面解析和指导教师长期培养全过程,全面提升教师的专业素养和创新能力,进而影响数以千计的普通教师,最终惠及数以万计的学生。

(2)系统思维的应用(图6-1):

①整体性。项目设计考虑到教师成长的各个方面,包括教学理念、教学方法、教育心理学、教育技术应用等,确保教师得到全面发展。

②动态性。培训过程中,根据教师的反馈和实际效果,不断调整培训内容和方式,确保培训与时俱进,符合教师的实际需求。

③层次性。培训分为基础、进阶、高级等多个层次,确保不同水平的教师都能找到适合自己的培训内容。

④互动性。鼓励教师之间的交流与合作,通过小组讨论、案例分析、经验分享等方式,提升教师的互动学习效果。

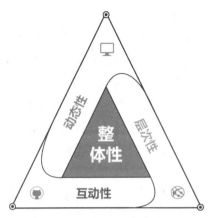

图 6-1 系统思维的应用

（3）步骤：

①长远规划与目标设定。项目设立之初，对全省教师队伍进行了全面评估，根据教师职业生涯不同阶段的特点和发展需求，制定了不同阶段的系统化培养方案。

培养需求分析。通过调查研究、专家访谈等方式，全面了解教师的培养需求和发展潜力。使用系统思维的方法，分析和整理教师长期培养需求的关键要素和相互关系，明确不同层次教师的培养目标和重点。

②培养计划设计。根据需求分析的结果，制订详细的培养计划和培养方案。利用系统思维的方法，构建培养计划设计的因果图，明确培养目标、培养内容和培养方法之间的关系。同时，制定培养实施的时间安排和评估机制，确保培养计划的有效实施。

③系统化课程体系。围绕系统思维的核心，构建了包括基础理论研修、专业技能提升、教育科研实践、领导力发展等内容的系列课程，确保教师在长期培养过程中，能够逐步形成并熟练运用系统思维。以下是一些可行的培训课程设置建议：

a. 课堂教学技巧。提供教师课堂教学技巧的培训，包括多元化教学方法、互动式教学、个性化教学等，以满足学生的不同需求和提升教学效果。

b. 教育心理学。提供教育心理学的培训，帮助教师了解学生的发展特点和学习心理，以更好地应对学生的行为、情绪和学习问题。

c. 课程设计与评估。提供课程设计和评估的培训，帮助教师设计有吸引力和有效果的课程，并学习如何评估学生的学习成果。

d. 教育技术应用。提供教育技术应用的培训，包括使用教育软件、多媒体教学工具、在线教学平台等，以提高教学效率和教育创新。

e. 教育管理与领导力。提供教育管理和领导力的培训，帮助教师了解教育管理的原理和实践，提高组织和管理能力，推动学校的发展和改进。

　　f. 教育研究与专业发展。提供教育研究和专业发展的培训，帮助教师了解教育研究方法和学术发展途径，促进教师的持续学习和专业成长。

　　g. 跨学科教学。提供跨学科教学的培训，帮助教师整合不同学科的知识和技能，开展跨学科教学活动，促进学科间的融合和综合能力的培养。

　　h. 学生评价与反馈。提供学生评价与反馈的培训，帮助教师学习如何进行有效的学生评价，提供及时的反馈和指导，促进学生的学习和发展。

　　i. 职业发展与教师素养。提供职业发展与教师素养的培训，帮助教师规划个人职业发展，提升教师的职业素养和专业形象。

　　j. 教育法规与政策。提供教育法规与政策的培训，帮助教师了解当前的教育法规和政策，提高教师的法律意识和教育管理水平。

　　具体的培训课程设置应根据参与教师的需求、学段和学科特点进行调整。此外，为了提高培训效果，可以结合实践操作、案例分析和互动讨论等教学方法，让教师有机会将所学知识和技能应用到实际教学中。同时，搭建教师专业发展的平台，提供持续的学习和交流机会，促进教师的成长和学习共同体的建设。

　　④培养实施。组织专业的师资团队，进行教师长期培养的实施。通过系统思维的方法，引导教师思考和分析教学问题的根本原因，并通过系统思维的工具和方法，培养教师的系统思维能力。同时，通过教学实践、教学观摩、教研活动等多种方式，促进教师的专业成长和发展。

　　⑤分阶递进培养。按照"百千万"的规模和梯次，将教师划分为多个培养批次，每一批次都有针对其发展阶段特点的个性化培养路径。同时，注重各阶段间的衔接和反馈，实现教师能力的螺旋式上升。

　　⑥培养效果评估。采用多维度评估的方式，对教师长期培养的效果进行评估。通过教学观察、教学成果展示、建立学习档案等方式，收集教师在培养期间的教学改进情况和专业成长情况。同时，利用系统思维的方法，分析评估结果，总结培养的优点和不足，并提出改进建议。

　　⑦推广应用。根据"百千万"项目的成功经验，教育局可以将基于系统思维的教师长期培养方法推广到其他学校和地区。通过建设培养师资团队、制定培养标准和评估机制等措施，推动教师长期培养工作的系统化和规范化发展，提升教师的专业水平和发展潜力。

　　⑧实践反思与持续改进。鼓励教师在实践中运用所学的系统思维知识，定期开展教学研讨、课题研究等活动，并通过同行交流、专家点评等方式获取反馈，不断迭代优化个人的教育教学方法。

该案例通过基于系统思维的方法，全面解析和指导教师长期培养全过程，从需求分析到培养计划设计、实施和评估，提供了一种系统化的思维框架和方法，有助于提升教师长期培养的质量和效果。

（4）具体案例：

背景：某省教师"百千万"项目是一个旨在提升中小学教师专业能力和教学水平的培训计划。该省教育部门为了提高教育质量，通过该项目向全省中小学教师提供培养机会，促进教师的专业成长和学习共同体的建设。

以某小学语文教师李老师为例。在参与"百千万"项目之前，李老师主要依赖传统的教学方法和教材，对现代教育技术和教育理念了解不多。

实施过程：该项目采用多层次、多元化的培训方式，包括线上培训、线下研讨和实践操作。培训内容涵盖了教学方法、学科知识更新、教育心理学、教育管理、教育技术应用等方面。培训采用专业的培训师资团队，结合实际案例和互动教学，为参与者提供实际操作和反思的机会。

成效：通过项目的培训，李老师逐渐接触并掌握了多媒体教学、翻转课堂等现代教学方法，并开始尝试将这些方法应用到自己的教学中。同时，项目还提供了丰富的教育心理学知识，帮助李老师更好地理解学生的心理需求，提升教学效果。

在进阶培训中，李老师还参与了小组合作，与其他教师共同分析了当前教育领域的热点问题，如如何培养学生的创新能力、如何提高学生的阅读兴趣等。通过小组讨论和案例分析，李老师不仅学到了其他教师的宝贵经验，还拓宽了自己的教育视野。

影响和启示：该省教师"百千万"项目的成功案例为其他地区提供了有益的经验和启示。通过提供多层次、多元化的培训方式，可以满足教师不同层次和需求的培训需求。此外，培训项目的设计应注重实践操作和反思，鼓励教师将培训内容应用到实际教学中。同时，建立教师专业发展的长效机制，持续支持和促进教师的专业成长和学习。如果还能得到当地教育资源和学校的支持，获得实际的教学机会和教学支持，还能进一步提升教师的教学能力和教育管理水平。

（5）成果展示：经过"百千万"项目的长期培养，李老师的教学能力得到了显著提升。她的课堂变得更加生动有趣，学生的学习兴趣和成绩也有了明显提高。同时，李老师还积极参与学校的教研活动，将自己的教学经验分享给其他教师，起到了很好的示范带动作用。

通过"百千万"项目，越来越多的教师像李老师一样得到了成长和进步。他们不仅提升了自己的教育教学能力，还为学生的全面发展做出了积极贡献。这一项目的成功实施，为教师的长期培养提供了有益的探索和实践经验。

经过数年的实施,"百千万"教师长期培养项目取得了显著成效。众多参训教师在系统思维指导下,不仅自身专业素养大幅提升,也在所在学校内发挥了良好的引领示范作用,促进了整体教学质量的提高。同时,该项目的成功经验在全市范围内产生了广泛影响,为我国教师队伍的长远建设提供了宝贵的参考范例。

(6)总结:该"百千万"教师长期培养项目以系统思维为核心,紧密结合教师职业发展的实际需求,通过长期、深度的培养模式,有力地推动了教师队伍的专业化和现代化进程,实现了教育人才的可持续发展。

第7章 教师培训未来发展展望

随着技术的迅猛发展,教育领域正经历着一场数字化和在线化的变革,而这也对教师培训带来新的挑战和机遇。未来的教师培训将更加紧密地结合虚拟现实、人工智能、大数据等前沿技术,以创造更为新颖和高效的学习体验。

一、教育领域的数字化变革

(一)教师培训未来发展新路径

1. 技术整合与数字化培训

随着技术的不断发展,教师培训将更加注重数字化和在线化。虚拟现实、人工智能和大数据等技术将被整合到培训中,以提高培训的效果和效率。

(1)虚拟现实(VR)的应用。教师培训将通过虚拟现实技术为教师提供更丰富、真实的体验。教师可以进入虚拟教室,模拟各种教学场景,面对虚拟学生,从而在一个安全且无压力的环境中进行仿真的教学练习。这种沉浸式体验有助于提高教师在真实教室中的表现。

(2)人工智能(AI)的支持。利用人工智能技术,教师培训可以为教师提供个性化的学习路径和反馈。通过分析教师的学习历程和表现,AI系统可以推荐定制化的培训内容,帮助教师更有针对性地提升弱项,从而实现个性化的专业发展。

(3)大数据分析与决策支持。大数据技术可以用于收集和分析教育数据,从而为教师培训提供更深入的见解。管理者可以借助大数据分析,了解教师的学习趋势、知识掌握情况和教学效果,以便调整培训计划,提高整体培训的质量。

(4)在线协作与社交学习。教师培训将更加注重在线协作和社交学习。通过在线平台,教师可以参与虚拟社区,与全球范围内的教育专业人士分享经验、交流观点,并共同解决教育领域的问题。这样的社交学习环境有助于构建更广泛的教育网络,促进专业共同体的形成。

(5)移动学习的普及。随着智能手机和平板电脑的普及,移动学习将成为教师培训的重要组成部分。教师可以随时随地通过移动设备获取培训资源,进行学习和互动，增加学习的灵活性和便捷性。

（6）在线评估和认证。利用在线技术，可以更方便地进行教师培训的评估和认证。通过在线考试、项目作品和实时观察，培训机构可以更准确地评估教师的学习成果，为其提供相应的认证和资质。

2. 个性化学习路径

教师培训将更加关注个体差异，提供个性化的学习路径和资源。采用先进的评估工具和数据分析，培训可以更好地满足每位教师的特定需求和发展目标。

（1）个性化学习计划。教师培训将采用个性化学习计划，根据每位教师的学科领域、教学经验、专业兴趣等因素，量身定制培训内容。这样的计划可以更好地满足教师的实际需求，使其能够有针对性地提高在特定领域的专业素养。

（2）自主学习和反思。个性化培训将强调教师的自主学习和反思能力。教师将有机会选择适合自己的学习资源，通过反思实践经验，不断调整学习路径，以更好地适应个体化的专业发展需求。

（3）智能化的学习推荐系统。利用人工智能技术，建立智能化的学习推荐系统，根据教师的学习历史、兴趣和学科需求，为其推荐合适的培训课程、教学资源和专业发展活动。这有助于提高培训的个性化程度。

（4）实时数据分析与调整。通过实时数据分析，培训机构可以了解教师在培训过程中的表现和进展。基于这些数据，培训方可以及时调整学习计划，提供更具针对性的支持，确保每位教师都能够取得最大的学习效益。

（5）跨学科和跨领域的培训。个性化培训将鼓励教师参与跨学科和跨领域的培训活动。教师可以根据自己的兴趣和跨学科需求选择相应的培训内容，拓宽自己的知识领域，提高多学科整合能力。

（6）多样化的评估方法。除了传统的考试和测验，个性化培训将采用多样化的评估方法，如项目作品、实际教学观察、同行评审等。这样的综合评估能更全面地了解教师的实际能力和发展潜力。

3. 专业发展的社交化

社交媒体和在线社区将成为教师专业发展的重要平台。教师可以通过在线社交网络分享经验、交流教学方法，并建立跨地域的合作网络，以提升整体教育水平。

（1）经验分享与专业交流。社交媒体和在线社区成为教师分享经验和教学资源的重要平台。教育者可以通过博客、微博、论坛等渠道分享自己的教学实践、课程设计和教学创新，从而激发更广泛的教学灵感。

（2）全球化合作网络。在线社交网络为教师提供了全球范围内建立合作关系的机会。教育者可以跨越地域和文化差异，共同探讨教育挑战、分享最佳实践，并建立国际性的教育合作网络，以丰富教育视野。

（3）专业发展资源的集中化。社交媒体平台将成为获取专业发展资源的重要渠道。教师可以在这里找到各类在线培训、研讨会、研究论文以及其他与教育相关的资源，从而满足其个体化的专业成长需求。

（4）在线导师与同行评审。教育专业社区可以促进在线导师制度的发展。经验丰富的教育者可以担任在线导师，为新手教师提供指导和支持。同时，同行评审机制也可以通过社交媒体平台实现，以促进更深层次的教学互助和学习。

（5）实时教学观摩。社交媒体的实时性使得教学观摩变得更加便捷。教育者可以通过在线直播、教学视频等方式，实时观摩其他教师的授课，借鉴他们的教学技巧和方法，从而提高自身的教学水平。

（6）专业发展社群建设。社交媒体和在线社区有助于构建更为紧密的教育专业社群。这种社群可以由共同兴趣、学科特长或者教学风格相似的教育者组成，成为一个相互学习、分享资源的团体，从而提升全体成员的教育水平。

4. 跨学科和跨界合作

未来的教师培训将更加注重跨学科和跨界合作。教师需要具备跨学科的知识和技能，以更好地应对复杂的教育挑战，培训课程可能会融入不同学科和领域的元素。

（1）跨学科课程设计。未来的培训课程可能不再跟从传统的学科划分，而是更为注重整合不同学科领域的知识和技能。教师培训课程将更多地涉及综合性的问题解决、跨学科教学方法以及学科之间的融合，使教师能够更灵活地应对学生的学科交叉需求。

（2）合作式教学模式。培训课程可能引入更多合作式教学的元素，鼓励教师之间的协同合作。这不仅包括同学科教师之间的合作，还包括与其他领域专业人士的合作，如心理学家、社会工作者等，以共同关注学生的全面发展。

（3）项目驱动的学习。教师培训将更加注重项目驱动的学习，项目可能设计为跨学科合作的实际案例。通过解决实际问题，教师将能够整合各种学科的知识和技能，提高解决问题的综合能力。

（4）跨界合作与社会伙伴关系。教师培训可能与不同领域的专业机构和社会组织建立更紧密的合作关系。这样的合作将使教师更好地理解社会的多样性和变革，将社会现实融入教育实践中。

（5）专业发展的全球视野。未来的教师培训将强调全球视野，培养教师在国际范围内的交流和合作能力。教育者将有机会参与国际性的培训项目、研讨会，与来自不同文化背景的教育者共同交流，丰富自己的专业视野。

（6）跨领域的实习经验。培训课程可能会提供更多跨领域的实习机会，让教师在真实的跨学科环境中工作。这有助于教师更好地理解不同领域的需求，提高应对多元化学生群体的能力。

5. 社会情感学习和心理健康支持

教师培训将更加重视社会情感学习和心理健康支持。培训课程将包括教师如何更好地理解和支持学生的社会情感发展，以及如何应对教育工作中的心理压力。

（1）社会情感学习的整合。培训课程将整合社会情感学习理论和实践，培养教师关注学生情感健康、人际关系和情感智力的能力。教师将学习如何更好地理解和支持学生在情感层面的成长，促进他们的社会技能和情感适应能力。

（2）心理健康支持策略。培训将向教师提供应对学生心理健康挑战的具体策略。教师将学会如何辨识学生可能存在的心理健康问题，采取有效的支持和引导措施，以促进学生的心理健康。

（3）沟通与情感表达技巧。教师将接受更多关于沟通和情感表达的培训，以更好地与学生建立亲密关系，促进积极的情感交流。这有助于创造支持性的学习环境，使学生感受到被理解和被尊重。

（4）心理健康教育。培训课程可能涵盖心理健康教育的知识和技能，使教师能够在课堂上提供有关情感管理、应对压力、建立自尊等方面的有效指导。这样的教育可以培养学生更好地理解和管理自己的情感和心理状态。

（5）自我关怀和心理健康资源的利用。教师培训将强调自我关怀和心理健康资源的利用。教师将学会如何有效地管理自己的心理健康，认识到教育工作中可能面临的压力，并学会寻求支持和帮助。

（6）案例分析和模拟情境。培训可能通过案例分析和模拟情境，帮助教师更好地理解和处理学生的社会情感问题。这样的培训形式能够使教师在模拟的情境中锻炼应对能力，更自信地面对实际挑战。

（7）专业发展与心理健康研究的结合。教师培训将鼓励教师将心理健康研究与实际的教学经验相结合，促进专业发展与实践的有机融合。这将有助于建立更为全面的教师团队，共同关注学生的学业和心理健康。

6. 教育创新和教学设计

教师培训将强调教育创新和教学设计的重要性。培训将鼓励教师运用新的教学方法、教育技术和评估工具，以提高学生的学习成果。

（1）教学设计的创新。培训将致力于培养教师具备创新教学设计的能力。这包括设计具有启发性的教学活动、整合多媒体资源、以及采用跨学科和项目式学习等创新方法，以激发学生的兴趣和积极性。

（2）教育技术的整合。教师培训将强调教育技术在课堂中的有效应用。教师将学会整合虚拟现实、人工智能、在线学习平台等先进技术,以提高教学效果,个性化学生学习路径,并创造更具互动性和参与感的学习体验。

(3)个性化学习路径。培训将鼓励教师为学生设计个性化的学习路径。利用数据分析和个性化学习平台,教师可以更好地理解学生的学习风格和需求,调整教学策略,使学习更加贴近学生个体差异。

(4)项目驱动学习。教师培训将推崇项目驱动学习的理念,鼓励教师通过实际项目和任务来促进学生的综合能力。培训中可能提供关于项目设计、学生团队合作等方面的专业指导,以帮助教师更好地引导学生进行深度学习。

(5)实践与反思。教师培训将倡导实践与反思相结合的学习方式。教师将有机会在实际教学中应用新的教学方法,然后通过反思和同行交流,不断改进自己的教学实践。

(6)教学评估的创新。强调创新的培训将促使教师采用新颖的评估工具和方法。这可能包括综合性评价、项目作品展示、学生自评等形式,以更全面地了解学生的学习状况和发展。

(7)跨学科与跨领域合作。教师培训将鼓励教师跨学科、跨领域地合作。这种合作不仅包括与其他教育者的合作,还可能涉及与专业领域外的专家、行业从业者的合作,以便更好地融入实际应用和行业趋势。

7. 全球化视野

教师培训将更加注重培养教师的全球化视野。教师需要了解国际教育趋势,以更好地应对全球性挑战,同时培训也可能涉及国际交流和合作项目。

(1)全球教育趋势的了解。培训将帮助教师更深入地了解全球范围内的教育趋势,包括教育技术的发展、国际课程标准、全球公民教育等方面。教师将能够更好地融入国际性的教育理念和最佳实践,提高自己的全球教育观念。

(2)国际交流与合作项目。培训可能鼓励教师参与国际交流和合作项目。这包括与其他国家的教育者进行专业合作、参与国际性的教育研讨会和项目,以促进全球教育资源的共享和教学方法的交流。

(3)多元文化教育的融入。教师培训将强调多元文化教育的重要性,使教师能够更好地理解和尊重不同文化背景的学生。培训课程可能包括跨文化沟通技能的培养,以确保教学过程中的有效交流和理解。

(4)国际化课程的设计。培训可能引导教师设计出更具国际化特色的课程。教育者将学会如何融入全球视角,引导学生思考全球性问题,培养他们的国际意识和跨文化交流能力。

(5)国际课程认证。教师培训可能支持教师获得国际课程认证,使其具备教授国际课程的资格。这将使教师更有竞争力,能够更好地满足国际学生和国际化学校的需求。

（6）全球问题教育。教师培训将强调全球性问题的教育，培养学生关心和解决全球挑战的能力。通过引导学生深入了解全球问题，教育者将帮助他们培养全球公民意识和责任感。

（7）多语言教学。培训可能鼓励教师学习和运用多种语言教学。这将有助于培养学生的语言多样性，促进他们在国际舞台上更好地交流和合作。

（二）教师培训未来融入新模式

未来教师培训可能融入一系列新模式，以适应不断变化的教育需求和技术进步。以下是一些可能的新模式：

1. 在线自主学习平台

提供在线课程和资源，让教师可以根据自己的时间表和需求进行学习。这种模式强调个性化学习路径，允许教师根据自身兴趣和专业需求选择培训内容。

（1）自主学习的强调。在线课程和资源的模式强调自主学习，使教师能够自行选择学习的时间和地点。这种灵活性有助于适应不同教师的工作安排和个人生活需求，从而更好地整合学习和工作。

（2）个性化学习路径。在线培训提供了个性化学习路径的可能性，教师可以根据自己的兴趣、专业发展目标和教学需求选择培训内容。这种个性化路径有助于教师更有针对性地提升自己在特定领域的专业水平。

（3）多样化的课程内容。在线培训平台可以提供丰富多样的课程内容，涵盖不同学科、教学方法、教育技术等方面。教师可以选择参与各种不同层次和类型的课程，从而构建更全面的教育知识体系。

（4）实时互动和辅导。尽管是在线学习，但平台仍然可以提供实时互动和辅导的机会，使教师能够在学习过程中与讲师、同行进行实时交流。这种互动有助于解决问题、分享经验和促进合作。

（5）学习资源的开放性。在线平台可以开放更多的学习资源，包括教材、教学视频、案例研究等。这样的开放性有助于教师更广泛地获取资源，从而拓展他们的知识视野。

（6）自主评估和反思。在线培训可以包括自主评估工具，帮助教师评估自己的学习进度和掌握的知识。同时，平台还可以鼓励教师进行反思，促使他们将学到的知识与实际教学情境相结合。

（7）灵活的学习进度。教师可以根据自己的学习进度和需求安排学习计划，无须受到时间和地点的限制。这使得教师能够更好地融入学习，不影响工作和生活的正常进行。

（8）跨国界合作机会。在线培训平台可以提供跨国界合作的机会，促使教师与来自不同国家和地区的教育者进行交流和合作。这有助于教师拓宽视野，分享不同文化和教育体系的经验。

2. 虚拟现实培训环境

利用虚拟现实技术，为教师提供模拟教室和实际教学场景，以提高其在实际教学中的技能和应变能力。这种模式可以增强实践经验，使培训更具实用性。

（1）真实教学场景模拟。虚拟现实技术可以模拟真实的教学场景，包括不同年级、学科和学校类型。教师可以在虚拟环境中体验面对各种教学挑战的情境，例如管理班级、应对学生问题、设计教学活动等，从而提高实际操作的经验。

（2）实时互动和反馈。虚拟现实技术允许教师与虚拟学生进行实时互动，模拟真实教室中的教学互动过程。教师可以实时调整教学方法，观察学生的反应，并接收虚拟学生和虚拟同事的实时反馈，从而改进自己的教学策略。

（3）个性化场景定制。虚拟现实平台可以根据教师的特定需求定制不同的教学场景。这使得培训更具个性化，能够满足教师在不同学科、年级或特殊情境下的专业发展需求。

（4）情境驱动的学习。虚拟现实技术通过情境驱动的学习方式，使教师在模拟环境中通过实际操作来学习。这有助于将理论知识与实际应用紧密结合，使教师更好地理解并掌握实际教学中的技能。

（5）教学策略的试验与调整。虚拟现实环境提供了一个安全的实验场所，教师可以尝试不同的教学策略，观察其效果，并进行调整。这有助于培养教师的创新意识和实验精神。

（6）跨文化和跨学科体验。虚拟现实技术允许教师体验不同文化和跨学科的教学场景。通过与虚拟学生和虚拟同事互动，教师可以更好地理解多元文化教育和跨学科合作的挑战与机会。

（7）成本效益和可持续性。虚拟现实培训提供了成本效益和可持续的培训解决方案。教育机构可以通过投资一次性虚拟现实设备，为多名教师提供长期、可重复使用的培训体验，降低了培训的成本。

3. 协作学习社区

创建在线社区，鼓励教师之间的协作和互动。教师可以分享教学资源、经验和最佳实践，从而促进专业共同体的形成，提高整个教育团队的水平。

（1）资源共享和交流。在线社区为教师提供了一个平台，方便他们分享教学资源、教案、课程设计等。教师们可以从其他同行的经验中受益，获取新的教学灵感，促进资源的共享和交流。

（2）经验分享与教学方法。教师在在线社区中可以分享自己的教学经验和成功的教学方法。这种分享不仅帮助其他教师更好地应对类似的挑战，还促进了教学方法的创新和提升。

（3）专业问题讨论与解决。在线社区提供了一个讨论专业问题的平台，教师可以共同探讨教育领域的挑战，分享解决方案。这有助于形成促进解决问题的智慧集体。

（4）跨地域和跨学科的合作。在线社区使得教师可以跨越地域和学科的界限，与来自不同地区和学科背景的教育者进行合作。这有助于拓宽视野，引入多元的教学观点和方法。

（5）反思和专业发展计划。在线社区可以成为教师进行自我反思和制订专业发展计划的平台。教育者可以通过参与讨论，梳理自己的教学理念，明确发展方向，得到其他教师的建议和反馈。

（6）支持系统的建立。在线社区为教师提供了一个相互支持的环境，教育者可以在困境时寻求帮助，分享挑战，并得到鼓励和建议。这有助于建立更加强大和有凝聚力的教育团队。

（7）在线培训和研讨。在线社区可以扩展到在线培训和研讨，为教师提供更多学习机会。这样的在线培训可以涵盖各种主题，帮助教师保持教育领域的最新知识和技能。

（8）专业认证和荣誉体系。通过在线社区的互动，可以建立专业认证和荣誉体系，鼓励教师更加积极地参与社区活动，分享经验，提高专业水平。

4. 微学习和碎片化培训

将培训内容拆分成小块，使教师可以随时随地进行学习。这种模式适应教师繁忙的日程，使其能够在碎片时间内获取知识和技能。

（1）碎片化学习体验。将培训内容划分成小块，使得教师可以在短时间内完成一个特定主题的学习。这样的碎片化学习体验更符合教师繁忙的工作日程，他们可以在零散的时间段内进行高效学习。

（2）随时随地的学习机会。教师可以随时随地通过手机、平板或笔记本电脑访问培训内容。这样，他们可以在课间休息、交通工具上或家中的空闲时间内进行学习，充分利用碎片时间提升专业知识。

（3）个性化学习路径。教师可以根据自己的兴趣和需求，选择特定主题或领域的小块培训内容。这种个性化学习路径有助于满足不同教师的专业发展需求，使培训更具针对性。

（4）轻松融入日常工作。由于培训内容是小块的，教师可以更容易地将学到的知识和技能融入他们的日常工作中。这有助于提高培训的实用性，让学到的内容更容易被应用和记忆。

（5）互动性和自主性。小块培训内容可以设计成互动性强、自主学习为主的形式，激发教师的兴趣，提高学习动力。这有助于培养教师自主学习的习惯，促进个体发展。

（6）即时反馈和评估。在小块培训中，可以嵌入即时反馈和评估机制。这使得教师能够迅速了解自己的学习进度和掌握的程度，有针对性地调整学习计划。

（7）模块化课程设计。培训内容可以采用模块化的课程设计，每个模块都专注于一个特定的主题或技能。教师可以根据自身需要，选择性地学习模块，构建个性化的专业发展路径。

（8）可重复使用的资源。将培训内容拆分成小块有助于创建可重复使用的学习资源。这样的资源可以反复利用，使培训更为经济高效，同时确保教师在需要时能够随时回顾和深化学习。

5. 游戏化培训

利用游戏设计原理，将教师培训变得更加有趣和吸引人。通过设置挑战、奖励系统和竞争元素，激发教师的学习兴趣，提高培训效果。

（1）设定挑战和目标。游戏设计可以引入各种挑战和目标，这可以包括解决教学难题、设计创新教学方案等，激发教师的学习兴趣。通过设定挑战，培训不再仅仅是知识传递，而是一种积极参与的过程。

（2）奖励系统。引入奖励系统，如积分、徽章、排名等，可以增强教师的学习动力。当教师完成某个任务或达到一定水平时，他们可以获得奖励，这种正向激励有助于增强学习积极性和参与度。

（3）角色扮演和情境模拟。游戏设计包括角色扮演和情境模拟，使教师在虚拟环境中体验真实的教学场景。这样的设计有助于培训教师在实际教学中更好地应对各种情境，提高其实践经验。

（4）团队合作和竞争。游戏设计可以促进团队合作和竞争，通过组建教育小组或比赛，培训教师之间的合作精神。这种元素可以激发教师之间的互动，推动共同学习和共同进步。

（5）即时反馈和成就感。游戏设计可以提供即时的反馈机制，使教师能够及时了解自己的学习进度。同时，完成一个任务或达到一个目标后，教师可以获得成就感，增强学习的愉悦感。

（6）个性化学习路径。游戏设计可以根据教师的个性和兴趣定制学习路径。这样，教师可以更灵活地选择自己感兴趣的主题和领域进行深入学习，使培训更加符合个体差异。

（7）故事化教学。利用游戏设计的故事化元素，将培训内容融入有趣的故事情节中。这样的设计可以激发教师的好奇心，让他们更深入地投入到学习过程中。

（8）实时竞技和挑战赛。引入实时竞技和挑战赛的元素，可以定期组织教师之间的比赛，提高培训的紧迫感和趣味性。这种竞争可以激发教师的学习热情，推动他们不断超越自我。

6. 实地实践和导师制度

强调实地实践和与导师的互动。培训不仅包括理论知识的传授，还要求教师在实际教学中应用所学，并通过与经验丰富的导师合作，获得实际指导和反馈。

（1）实地实践的机会。教师培训强调在实际教学场景中应用所学知识。通过实地实践，教师可以更直接地感受和理解理论知识在实际教学中的应用，增强实践经验。

（2）与导师的合作和互动。导师在培训中扮演关键角色，与教师合作并提供指导。这种合作不仅包括在教学过程中的实际合作，还包括对于教学方法、课程设计等方面的经验分享和指导。

（3）个性化的导师辅导。培训中的导师可以提供个性化的辅导，根据教师的需求和发展方向进行指导。这种个性化的辅导有助于确保培训更符合教师的实际情境和个体差异。

（4）实时反馈。在实地实践中，导师可以提供实时反馈，帮助教师更好地理解和改进自己的教学方法。这种反馈机制有助于教师及时调整自己的教学策略，提高教学效果。

（5）反思和专业发展计划。通过实地实践和与导师的互动，教师有机会进行反思，思考自己的教学理念和实践。导师可以帮助教师制定个性化的专业发展计划，促使其更好地实现职业目标。

（6）模拟教学和情境模拟。教师培训可以包括模拟教学和情境模拟，使教师在相对真实的环境中练习和应对各种教学挑战。这种模拟有助于培养教师的实际操作能力。

（7）专业社群的建立。实地实践和导师互动可以促进教师之间的交流和合作，形成专业社群。这样的社群有助于教师之间相互支持、经验共享，并推动整个教育团队的共同进步。

（8）跨学科和跨校际的合作。实地实践也可以包括跨学科和跨校际的合作机会，使教师能够更广泛地接触不同领域和学校的实际教学情境，拓展他们的视野。

7. 数据驱动的培训

利用大数据和分析工具，为教师提供个性化的建议和反馈。通过收集和分析教学数据，定期评估教师的表现，并为其提供针对性的培训建议，以促进持续的专业发展。

（1）个性化的学习路径。大数据分析可以根据教师的学习历程、需求和兴趣，为其制定个性化的学习路径。通过了解教师的强项和需改进的领域，系统可以推荐特定的培训课程和资源，使培训更加精准和针对性。

（2）实时教学数据分析。大数据分析工具可以实时监测和分析教师的教学数据，包括学生表现、教学方法的有效性等。通过及时获得这些数据，教师可以迅速调整教学策略，提高教学效果。

（3）定期评估和反馈。大数据分析可以用于定期评估教师的表现。通过分析教学效果、学生反馈和其他相关数据，系统可以为教师提供全面的评估和反馈。这种定期的评估有助于教师了解自己的专业发展情况，并明确改进方向。

（4）自适应学习体验。大数据分析工具可以构建自适应学习系统，根据教师的学习进度和理解程度调整培训内容的难度和深度。这有助于确保教师在学习过程中保持适度的挑战，提高学习的效果。

（5）教学方法的个性化建议。通过分析教学数据，系统可以为教师提供关于不同教学方法的个性化建议。这包括推荐适合特定学生群体的教学策略，帮助教师更好地应对不同学生的学习需求。

（6）教学团队协作。大数据分析还可以促进教学团队之间的协作。通过分析多个教师的数据，系统可以识别出共同的挑战和最佳实践，并在教学团队之间推动经验分享和合作。

（7）教育政策的调整。教育决策者可以利用大数据分析来评估整体的教育政策效果，并根据数据结果调整政策方向。这种数据驱动的政策调整有助于建立更为有效和适应性的教育体系。

（8）持续专业发展规划。基于大数据分析的反馈，可以帮助教师制定更为科学和持续的专业发展规划。通过不断地根据实际表现调整培训方向，教师可以更有针对性地提升自己的教育水平。

这些新模式可能会相互结合，形成更为复杂和全面的教师培训体系，以满足未来教育的多样化需求。

（三）教师培训未来管理新方法

未来教师培训的管理可能采用一系列新方法，以更好地满足教育领域的需求。以下是一些可能的新管理方法。

1. 数据驱动的管理

利用大数据和分析工具，对教师培训的效果进行实时监测和评估。管理者可以基于数据做出更明智的决策，调整培训计划，以确保培训的有效性和适应性。

2. 个性化发展计划

制订个性化的教师发展计划，根据每位教师的需求、兴趣和现有技能，提供定制的培训路径。这有助于提高培训的实际效果，增强教师的专业发展动力。

3. 社交媒体和在线社区的管理

管理者可以利用社交媒体和在线社区来促进教师之间的合作和信息共享。建立专业发展的虚拟社群，激发教师之间的互动和学习。

4. 反馈和评估机制

建立有效的反馈和评估机制，包括同行评审、学员评价和管理层反馈。这有助于识别培训中存在的问题，并及时作出调整，确保培训的质量和实效。

5. 虚拟现实技术的应用

利用虚拟现实技术建立实际的培训环境，管理者可以监督和评估教师在虚拟教室中的表现，为其提供更具体和实用的反馈。

6. 导师制度的强化

加强导师制度，为新教师提供更多的指导和支持。导师可以通过定期的面对面交谈或在线会议，分享经验、提供建议，并帮助新教师更好地适应教学环境。

7. 跨学科和跨界团队的协作

将管理团队组建成跨学科和跨界的专业团队，共同制订培训计划和策略。这有助于融合不同领域的专业知识，提供更全面的培训服务。

8. 反思和持续改进

建立一个反思和持续改进的文化，鼓励管理者和教师共同参与培训过程的评估和改进。通过不断反思和调整，保持培训体系的灵活性和适应性。

这些管理方法可以相互结合，形成一个全面而创新的教师培训管理体系，以确保教育体系能够更好地适应未来的需求和挑战。

二、系统思维指导下的教师培训管理新模式

系统思维作为一种综合性的思考方式，强调整体性、关联性和动态性。在教师培训的管理中，系统思维可以为未来的管理模式提供更全面、协同和可持续的方法。以下是在系统思维指导下可能出现的教师培训未来管理新模式。

（一）综合性的发展计划

培训管理可以采用系统思维，设计教师综合性的发展计划，将不同领域的知识、技能和情感因素有机结合。这样的计划可以更好地满足教师的整体发展需

求，提高他们在不同方面的综合素养。

1. 综合性的课程设计

采用系统思维，培训管理可以设计一系列综合性的课程，涵盖教育理论、课堂管理、创新教学方法、心理健康支持等多个领域。这样的课程设计有助于教师全面了解教育体系，提升专业素养。

2. 跨学科的知识整合

培训计划可以促使教师跨学科地整合知识。系统思维强调不同领域之间的关联性，因此，教师培训可以促使教师将各个学科领域的知识相互联系，以更全面地理解教学内容。

3. 技能培训和实际应用

培训不仅要侧重于理论知识的传授，还需注重培养教师实际操作的技能。通过系统思维，可以设计培训活动，使教师在实际教学中应用所学的知识和技能。这样的培训计划有助于将理论与实践有机结合，提高教师的教学质量。

4. 情感因素的考虑

在系统思维的框架下，培训计划可以更全面地考虑到教师的情感因素。培训管理可以包括心理健康支持、情绪管理等方面的培训，帮助教师更好地理解和应对教育工作中的压力和挑战。

5. 个性化的发展路径

通过系统思维，培训管理可以更灵活地根据每位教师的需求设计个性化的发展路径。这意味着培训计划可以根据教师的兴趣、职业目标和专业发展方向进行调整，使培训更符合个体差异。

6. 综合评估体系

为了全面了解教师的发展情况，可以建立一个综合评估体系，包括教学观察、学生反馈、专业发展计划执行情况等多个方面。这样的评估体系有助于培训管理更好地了解教师的整体发展状况，为个性化的培训提供依据。

7. 社交学习和合作机会

采用系统思维，培训计划可以促进社交学习和教师之间的合作。通过组建专业发展小组、共同研究项目等形式，教师可以相互交流经验、分享最佳实践，从而提高整个教育团队的综合素养。

8. 长期发展规划

培训计划应该考虑到教师的长期发展规划，帮助他们建立一个全面、可持续的专业发展路径。包括提供终身学习的机会、支持继续教育等方面，使教师在职业生涯中能够持续发展。

（二）跨学科协同培训

利用系统思维，将不同学科和领域的培训内容进行整合，促使教师在多学科背景下思考和应用知识。这有助于提高教师的跨学科教学能力，更好地满足学生的综合性学科需求。

1. 跨学科融合的课程设计

采用系统思维，培训可以设计涵盖多个学科领域的课程，使教师在实际教学中能够更灵活地整合相关知识。这有助于培养教师的跨学科教学能力，提高他们在教学中处理多元知识的能力。

2. 共同问题解决

教师培训可以通过系统思维引导教师参与共同的问题解决活动。这些问题可能涉及多个学科，要求教师从多个角度思考和应用知识，促进不同领域之间的交流和合作。

3. 案例研究和项目实践

通过引入跨学科的案例研究和项目实践，培训可以提供实际的教学场景，让教师在解决实际问题时融合多学科的知识。这样的实践有助于将理论知识转化为实际教学能力。

4. 跨学科专业发展小组

培训可以组建跨学科的专业发展小组，让来自不同学科的教师共同讨论和分享经验。这样的小组可以成为教师在跨学科教学方面互相启发的平台。

5. 知识共享平台

利用系统思维，培训可以建立知识共享平台，让教师跨学科地分享资源、教学策略和最佳实践。这样的平台有助于促进不同学科领域之间的经验交流，提高教师的综合素养。

6. 交叉学科的培训师资

培训师资可以来自不同学科和领域，为教师提供全方位的指导。这样的师资团队能够帮助教师更全面地理解跨学科教学的要求，并为他们提供多元化的教学视角。

7. 项目评估和反馈

培训可以设计项目评估和反馈机制，通过对跨学科项目的实施进行评估，向教师提供反馈。这样的机制有助于教师不断调整和改进跨学科教学策略。

8. 国际化教育元素

利用系统思维，培训可以引入国际化的教育元素，促使教师更深入地了解国际教育趋势，增强他们的全球视野。这样的元素可以跨足多个学科领域，为教师提供更广泛的知识背景。

（三）教师专业共同体的构建

在系统思维框架下，鼓励建立教师专业共同体，促使教师之间形成密切的协作关系。这种协作有助于共享资源、经验和最佳实践，提升整个教师团队的专业水平。

1. 共同目标的明确定义

在系统思维的引导下，建立教师专业共同体需要明确定义共同的目标和愿景。这些目标应该超越个体，关注整个教育体系的发展，为协作提供清晰的方向。

2. 知识和资源的共享

专业共同体鼓励教师分享各种资源，包括教学材料、课程设计、教学技巧等。通过共享这些资源，教师可以相互借鉴经验，提高整体教育水平。

3. 经验交流和学习

在专业共同体中，教师有机会定期进行经验交流和学习。这种交流不仅包括成功的经验，还涵盖面对挑战时的应对方法，从而使整个团队更加智慧。

4. 协同规划和教学设计

教师专业共同体为协同规划和教学设计提供了平台。通过集体思考、讨论和规划，教师可以共同制定更具有创新性和适应性的教学策略，以更好地满足学生的需求。

5. 共同问题解决

专业共同体可以集思广益，帮助解决教育实践中的共同问题。这种集体的智慧有助于寻找创新性解决方案，提高整个教师团队的问题解决能力。

6. 跨学科合作

在系统思维的引导下，教师专业共同体可以促进跨学科合作。这种合作不仅能够丰富教师的专业知识，还能够提供更全面、多元的教育视角。

7. 共同评估和反馈

在专业共同体中，教师可以接受来自同事的共同评估和反馈。这样的反馈不仅有助于个体教师提高自身水平，也推动整个团队共同进步。

8. 建立学习文化

专业共同体鼓励建立一种学习文化，即时分享新知识、教育研究成果和行业趋势。这种文化使得教师可以不断更新自己的知识储备，保持专业竞争力。

9. 组织专业发展活动

在系统思维的指导下，专业共同体可以组织各类专业发展活动，如研讨会、培训课程等，为教师提供持续学习的机会，推动整个教师团队的专业发展。

（四）数据驱动的持续改进

利用系统思维，建立一个包括数据收集、分析和反馈的闭环系统。通过不断收集和分析教育数据，管理者可以及时调整培训计划，确保培训的有效性和适应性，并实现持续改进。

1. 数据收集阶段

系统思维强调从系统中获取数据的重要性。在教师培训中，数据可以包括教师参与培训的活跃程度、学习进展、教学成绩等多个方面。这些数据可以通过在线问卷、考试成绩、培训参与记录等方式收集。

2. 多源数据整合

数据收集应涵盖多个方面，包括教学表现、学生反馈、课程评估等多源数据。通过整合这些数据，培训管理者可以获得更全面、多维度的了解，为决策提供更有力的支持。

3. 实时数据分析

系统思维鼓励对数据进行实时分析，以便快速获取反馈并做出即时调整。利用数据分析工具，培训管理者可以识别出培训计划中的亮点和潜在问题，及时采取有效措施。

4. 制定调整策略

基于数据分析的结果，管理者应该能够制定有针对性的调整策略。这可能包括修改特定培训模块、调整培训时长、增加支持资源等，以更好地满足教师的学习需求。

5. 反馈机制

建立一个有效的反馈机制是闭环系统的核心。通过及时向教师提供培训效果的反馈，他们可以更好地了解自己的进步，并在需要时调整学习策略。这样的反馈机制也促使教师更加积极地参与培训。

6. 个性化培训路径

数据收集和分析可以帮助确定教师的个体差异，从而定制个性化的培训路径。这种个性化能够更好地满足每位教师的学习风格和专业需求，提高培训的针对性和有效性。

7. 定期评估

闭环系统需要定期进行评估，以确保培训计划的长期有效性。通过收集历史数据、学习经验教训，管理者可以不断改进培训计划，适应不断变化的教育环境和需求。

8. 建立学习文化

系统思维强调建立学习文化，即使错误也被看作学习的机会。在闭环系统中，管理者应鼓励教师和培训参与者共同分享失败和成功的经验，以促进整个团队的学习和成长。

（五）虚拟实践环境的模拟

利用虚拟现实技术，创建更真实的教学模拟环境。这样的模拟可以涵盖多个因素，如学生个体差异、家庭背景等，使教师在培训中能够更全面地思考和解决问题。

1. 多样化学生群体

虚拟现实技术能够模拟多样化的学生群体，包括不同年龄、文化背景、学习能力等方面的差异。教师在模拟环境中可以面对来自各种背景的学生，从而更好地适应真实教室的多样性。

2. 个性化学习体验

培训中的虚拟现实模拟可以根据每位教师的需求提供个性化的学习体验。通过调整虚拟教室中的参数，如学生数量、学科难度等，教师可以根据自身发展目标定制培训内容。

3. 真实教学挑战

虚拟现实模拟环境可以模拟真实的教学挑战，如学生的不同学科水平、行为问题、沟通障碍等。这样的模拟使教师能够在安全的环境中面对各种情境，提高应对实际教学挑战的能力。

4. 家庭背景考虑

虚拟现实模拟可以将学生融入其家庭环境，模拟不同家庭背景对学习的影响。这有助于教师更全面地理解学生，考虑到家庭因素对学生学业的潜在影响，从而更好地个性化支持学生。

5. 实时反馈和评估

虚拟现实技术允许教师获得实时反馈和评估。通过模拟场景，教师可以观察学生的反应、调整教学策略，并在模拟结束后接收系统生成的评估报告，帮助他们更好地了解自己的表现。

6. 情感智能模拟

虚拟现实技术可以模拟学生的情感体验，使教师能够更好地理解学生的情感需求。这种情感智能模拟可以培养教师在教育中更加细致入微和关心学生情感健康的能力。

7. 跨文化教学模拟

在虚拟环境中，可以模拟不同文化背景的学生和家庭，帮助教师更好地应对跨文化教学的挑战。这有助于提高教师的文化敏感性和跨文化沟通技能。

8. 实际工具和资源的模拟

虚拟现实技术可以模拟实际使用的教学工具和资源，使教师能够熟悉新技术、教材或者课程设计，提高其在实际教学中的适应性。

（六）学科知识与教学策略的整合

着眼于系统思维，培训管理可以更好地整合学科知识和教学策略。这有助于教师更好地理解知识的内在联系，更灵活地运用各种教学策略，提高教学的质量和深度。

1. 跨学科的整合

系统思维鼓励教师跨足多个学科领域，将知识整合运用。培训可以促使教师学会将不同学科的知识有机结合，使其能够在实际教学中更全面地解决问题。

2. 知识的系统性学习

通过系统思维，培训可以帮助教师理解知识的系统性结构，明晰各个知识点之间的关系。这种系统性学习有助于教师更全面地理解学科的本质，而不是孤立地看待知识。

3. 强调概念的连接

系统思维强调概念之间的连接，培训可以引导教师深入思考概念之间的内在联系。这有助于教师不仅了解知识的表面层次，还能够洞察概念之间的相互作用，为灵活教学提供基础。

4. 综合性问题解决

在培训中，可以通过综合性的问题解决活动来促使教师整合学科知识。这样的活动能够模拟真实教学环境中的复杂情景，让教师综合运用各个学科的知识来解决实际问题。

5. 实践中的学科整合

系统思维鼓励在实际教学中进行学科整合。培训可以提供案例研究、项目实践等实际教学场景，让教师在实践中更好地理解如何整合学科知识，提高实际操作能力。

6. 促进创新和探究

系统思维的培训可以鼓励教师在教学中进行创新和探究。这种思维方式使得教师能够在知识体系中发现新的关联，尝试新的教学策略，推动教学质量的不断提升。

7. 教学策略的灵活应用

培训应该帮助教师灵活地运用各种教学策略。系统思维的方法可以培养教师的教学判断力，使其能够根据学科知识的结构和学生的需求选择合适的教学策略。

8. 知识的可持续发展

在系统思维的引导下，培训应该帮助教师形成对知识的可持续发展的认识。这包括不仅学科知识的更新，还包括了解新的教学策略、评估工具和技术，以应对不断变化的教育环境。

（七）终身学习和可持续发展

在系统思维的指导下，培训管理要强调终身学习的理念，通过设立持续发展的机制，确保教师在整个职业生涯中能够不断适应和发展。

1. 持续发展的机制

建立持续发展的机制，包括定期的培训课程、研讨会、工作坊等，以保障教师在职业生涯中的学习需求。这些机制不仅要关注专业知识的更新，还要涵盖教学策略、教育技术等方面的发展。

2. 个性化学习路径

通过系统思维，培训管理应关注教师的个体差异，为其提供个性化的学习路径。这可能包括基于教师兴趣和职业目标的制订培训计划，以确保培训更具针对性和实用性。

3. 教师自主学习

培训管理要鼓励和支持教师的自主学习。这可以通过提供在线资源、学术期刊、社群平台等方式实现，让教师能够在自己的时间和兴趣范围内进行深入学习。

4. 反馈和评估

系统思维强调不断的反馈和评估，培训管理应该建立有效的反馈机制。通过定期评估教师的学习成果和实践效果，及时调整培训计划，确保培训的实际效果符合期望。

5. 跨学科学习

终身学习不仅仅关注当前领域的发展，还要鼓励跨学科的学习。培训管理可以设计涉及不同学科和领域的培训课程，帮助教师更好地应对综合性的教育挑战。

6. 教研合作

通过促进教研合作，培训管理可以创建一个共享经验和知识的社群。教师可以在合作中学习来自不同背景和经验的同行之间的最佳实践，促进整个教育团队的共同成长。

7. 引入新技术

随着技术的发展，培训管理应该引入新的教育技术，让教师熟悉并融入其教学实践。这有助于提高教师的数字素养，使其能够更好地应对数字化教育的趋势。

8. 专业认证和奖励

建立专业认证和奖励机制，鼓励教师参与持续学习。这可以包括颁发专业证书、提供晋升机会等激励措施，以推动教师的主动学习和职业发展。

通过在培训管理中应用系统思维，教育机构可以更好地构建一个促进终身学习的环境，帮助教师不断提升自己的专业素养，适应教育领域的快速变化，提高整体教育水平。这种以终身学习为核心的理念有助于培养具备持续进取心和创新力的教育从业者不断适应和发展。

总之，这些新模式将培训管理视为一个相互关联、相互影响的系统，注重整体性、协同性和可持续性，以更好地满足未来教育的需求。

参考文献

贝塔朗菲. 一般系统论 [M]. 秋同, 袁嘉新, 译. 北京: 社会科学文献出版社, 1987.

曹大辉. 职业本科院校教师队伍建设的欧洲经验及启示: 以德国、芬兰和瑞士的应用科技大学为例 [J]. 教育与职业, 2024 (1): 72-77.

陈聪. 区域教师发展共同体的主要特征、实现策略和质量引线 [J]. 教学与管理, 2024 (6): 33-38.

程海婷, 丁安琪, 陈文景. 培训迁移理论视域下的线上培训成效研究: 以国际中文教师为例 [J]. 语言教学与研究, 2024 (1): 25-35.

崔慧丽. 英国缓解中小学教师短缺的创新性政策研究: 基于《教师招聘和留任策略》的探析 [J]. 现代教育科学, 2023 (6): 44-51.

窦燕, 王晓妍, 孔得伟, 等. 基于BOPPPS微格教学视频的培训效果量化评价研究 [J]. 教学研究, 2023, 46 (4): 69-75.

房宏. 人工智能赋能教师培训的新路径: 以场景演练"小切口"推动教师培训"大变革" [J]. 中小学数字化教学, 2024 (2): 86-90.

冯星. 产教融合视域下教师教学行为对培训成效的影响 [J]. 邢台学院学报, 2023, 38 (4): 114-120.

付卫东, 陈安妮. 教育数字化转型视域下的"强师之路": 何以为忧与何以化忧 [J]. 中国教育学刊, 2024 (1): 65-70.

FOOLD, R L, CARSON, E R. Dealing with complexity [M]. New York: Plenum Press, 1993.

郭文霞. 基于"供需链"的教师培训模式构建 [J]. 教育视界, 2024 (3): 44-47.

黄国涛. 以教育家精神推动县域教师发展机构的服务能力提升 [J]. 河南教育 (基教版), 2024 (2): 10-11.

黄绍裘, 布鲁肖. 如何培训高效能教师 [M]. 北京: 中国青年出版社, 2014.

黄炎权. 山区教师专业成长有效策略探究 [J]. 广东教育 (综合版), 2023 (12): 63-64.

姜旭, 窦智, 刘诗语. 实践导向的幼儿园初任教师培训课程体系构建研究 [J]. 吉林省教育学院学报, 2023, 39 (11): 1-6.

KLIR, G J. Facets of systems science [M]. Amsterdam: Kluwer Academic Publishers, 2001.

李大圣, 吴蔚然. 区县推进教师"研训一体"的基本属性与实践策略 [J]. 中国教育学刊, 2023 (11): 14–19.

李瑾瑜. 教师培训的"学用之困"及其破解之策 [J]. 中国教育学刊, 2023 (11): 7–13.

李凯. 创新培训, 提升教师课程建设能力 [J]. 教育家, 2024 (1): 20.

李润, 陈德云. 法国教师教育发展动向与实践研究 [J]. 基础教育参考, 2023 (12): 60–68.

李玮, 姜丽华. 关怀理论视角下中小学教师教学伦理的反思与重构 [J]. 教学与管理, 2023 (33): 1–4.

李泽晖, 张雨晴, 桑国元. 项目式学习教师培训师: 内涵、角色定位与培训课程设计 [J]. 中小学教师培训, 2023 (7): 1–6.

刘丽灯. 建构四维核心培训模式推进教师成长的探索与实践 [J]. 广东教育 (综合版), 2023 (11): 44–45.

马杰. 学校课后服务与校本课程建设的有机融合 [J]. 教学与管理, 2023 (32): 13–15.

马早明, 常甜. 中国式现代化视域下高质量教师培训体系建设: 国际视野与本土观照 [J]. 教师发展研究, 2024, 8 (1): 17–25.

梅多斯. 系统之美: 决策者的系统思考 [M]. 邱昭良, 译. 浙江: 浙江人民出版社, 2012.

MILLER, G A. The psychology of communication [M]. London: The Penguin Press, 1968.

牛旭峰. 我国教师培训需求研究二十年: 回顾与展望 [J]. 教师教育学报, 2023, 10 (6): 106–114.

潘希武. 区域基础教育高质量发展: 内涵、动能与治理 [J]. 教育学术月刊, 2024 (1): 3–8, 15.

彭泳斌, 张楠. 教师如何成为基础教育课程教学深化改革的行动者 [J]. 中国教师, 2023 (12): 11–16.

切克兰德. 系统思想, 系统实践 (含30年回顾) [M]. 闫旭晖, 译. 秦洪雷, 校. 北京: 人民出版社, 2018.

屈曼祺, 李宝敏. 强师之路: 我国中小学教师培训制度推进历程、变迁特征与展望 [J]. 中国教育学刊, 2023 (11): 79–84.

石娟, 黄晓凤. 新生代乡村教师专业发展的文化自觉 [J]. 当代教育与文化，2024，16（1）：14-22.

斯托洛维奇，吉普斯.交互式培训：让学习过程变得积极愉悦的成人培训新方法[M].派力，译.北京：企业管理出版社，2012.

孙刚成，杜怡文.英国基础教育师资短缺：现实困境、归因分析与对策[J].比较教育学报，2024（1）：124-138.

索长清，张德佳.芬兰研究型学前师资培养：发展历程、经验及启示[J].教育导刊，2024（1）：80-89.

汤丰林，等.教师培训理论研究[M].北京：北京教育出版社，2023.

汪阿恋，吴新建.基于OBE理念的新课标教师培训实践探索[J].教学与管理，2024（6）：49-53.

王凤.学前融合教育师资培训现状及策略研究[J].佳木斯职业学院学报，2023，39（12）：163-165.

王光雄.云南省幼儿园教师信息技术应用能力提升培训现状及改进策略[J].中国培训，2023（12）：103-105.

王红英."问题式案例"园本培训促教师专业发展[J].教学管理与教育研究，2023（21）：125-127.

王金玲，朱世友.STEAM教育：来自韩国的经验与借鉴[J].四川文理学院学报，2024，34（1）：32-36.

王静.专家引领提素养，跟岗学习促成长：参加省级骨干教师小学语文培训有感[J].河南教育（教师教育），2024（2）：76-77.

王军.教师培训文化：内涵、特征与价值[J].中小学教师培训，2023（12）：4-9.

王军辉，徐付晓，王海英.学前师范教育感知质量与幼儿园教师工作满意度的关系：职业能力的中介作用[J].陕西学前师范学院学报，2023，39（12）：10-20.

王璐瑶.基于OBE理念的外语跨文化人才培养路径探究[J].继续教育研究，2024（2）：103-107.

王晓，任伟伟.加拿大教师教育实践研究[J].基础教育参考，2023（11）：39-50.

韦林翠，陈德云.联合国教科文组织迈向高质量教师培训的新理念[J].基础教育参考，2023（11）：28-38.

文碧琪.团体动力学视域下的教师培训策略[J].西部素质教育，2024，10（3）：144-149.

邬小平，田川，何玉兰.全面乡村振兴视域下的农村"幼师国培"模式构建[J].内江科技，2024，45（1）：67-69.

谢静，吴婷.新型县级教师发展机构建设问题与对策［J］.教师教育论坛，2023，36（11）：11-16.

徐伟，尹若飞，陈德云.德国教师教育改革动向探究［J］.基础教育参考，2023（12）：69-80.

徐亚萱，刘徽.培养解决真实性问题的素养：欧盟"社会性科学探究式学习"研究［J］.世界教育信息，2024，37（1）：29-37.

颜泽贤，范冬萍，张华夏.系统科学导论：复杂性探索［M］.北京：人民出版社，2006.

杨炳会，张玲."强师计划"背景下信息科技教师的专业发展路径的实践［J］.中国信息技术教育，2023（23）：95-97.

杨建刚，李玲.新疆南疆少数民族中小学生国家通用语言文字教育效果评价［J］.成都师范学院学报，2024，40（1）：43-52.

杨宁.EUGS教育家成长共同体实践平台建设研究［J］.长春教育学院学报，2023，39（6）：10-17.

杨盼，陈时见.全球教师治理的行动策略与发展趋势：基于国际组织相关政策的分析［J］.教师教育学报，2024，11（1）：59-70.

杨茹.小学语文课程资源的开发与利用［J］.河南教育（基教版），2024（2）：72-73.

杨晓辉，支梅.跨学科主题学习的区域探索：以北京市丰台区为例［J］.中国教师，2023（11）：101-103.

姚致宇，李中英，陈志其.基于学习路径的教师培训经验与模式对我国幼儿园教师培训的启示［J］.教育探索，2024（1）：27-31.

张福臣."三联五通"混合式校本研修模式研究：以教师信息技术能力应用提升工程2.0培训实施为例［J］.中小学教师培训，2023（12）：17-21.

赵丹，王怀锋，高杨杰.乡村教师在地化专业发展的问题与对策［J］.当代教师教育，2023，16（4）：45-50.

赵君.基于大数据与人工智能的教师继续教育模式研究［J］.中国成人教育，2023（24）：73-76.

赵亚婷.身心融合视域下教师培训现场学习的问题与对策［J］.中国成人教育，2023（24）：62-67.

朱强.新课标背景下教师数字素养提升实践探索：以新疆乌鲁木齐市天山区为例［J］.中小学信息技术教育，2023（12）：39-40.

左崇良.基于乡村教师专业发展的教师教育：政策调整与未来展望［J］.中国成人教育，2023（21）：66-70.

后 记

  虽然繁忙的工作之余,我会经常思考"理论如何指导实践,实践如何修正理论"的问题,但一直以来,我总认为自己才工作数年,经验不够,不足以用写书的方式来进行总结;自己写作水平有限,不足以用完成书籍的方式给予读者帮助。丘奇曼说:"采用系统进路不是一个坏的想法。"我觉得,用系统思维来分析教师培训过程应该是可行的,这成为我写作本书的初衷。

  本书所涉及的培训项目大部分是 2021 年 7 月至 2024 年 3 月间我主持策划、组织管理以及参与的各项教师培训和培养项目。我想,如果没有学习系统思维方式,没有运用系统方法去组织这些培训项目,我应该无法完成这么繁重的工作。近些年来,"系统"一词频繁地出现在公众视野。从国家政府到市场各行各业,从专家学者的演讲里到普通大众茶余饭后的谈话中,我们会发现系统思维似乎成了人们必备的思维方式。尽管人们喜欢把"系统"挂在嘴边,但对于系统是什么、系统思维是什么、如何运用系统思维解决复杂问题,人们却知之甚少。

  本书的目的,不仅在于清晰地解释系统思维,提供一种运用系统思维来解决现实问题情境的方式,更在于探讨系统思维在教师培训中的应用,根据实践中的经验来修正系统思维以及其在实践中的使用方式,为广大教育从业者提供一种实用的指南,帮助他们更好地设计、实施和评估教师培训,从而使培训更加高效,变得可持续。愿本书能为广大培训者提供一个思考的起点,并引导教师培训朝着更加系统化、科学化和规范化的方向发展,从而促进教育质量的不断提升,为培养出更多优秀的骨干教师、推动社会进步贡献一份智慧和力量。

  这里特别感谢为本书提供指导建议及反馈意见的审稿专家,感谢三位审稿专家宝贵的建议和意见;感谢为本书提供帮助的各位领导、专家、一线老师以及一起并肩作战的同事们;感谢为本书提供修改建议的编辑,多次斟酌完善才让本书得以顺利问世;感谢中山大学出版社有关同志为本书的出版付出的努力。

  限于作者水平,书中难免有缺点和不完善之处,恳请读者批评指正。

张远惠

2024 年 3 月 28 日于广州